财务审计一本通

——铁路基层单位财务审计实用手册

崔　鹏　编著

中国铁道出版社
2019年·北京

内容简介

本书系统地介绍了铁路行业财务、审计的情况，主要内容包括铁路基层单位概述、铁路内部审计、常用审计方法、内部控制、铁路基层单位审计应用、铁路基层单位资产审计、铁路基本建设审计、铁路内部审计创新、常用法律法规及部分解读等。

本书通俗易懂，有助于铁路财务人员、审计人员、其他管理人员全面了解相关知识，对提高铁路基层内部审计工作质量有一定参考作用。

图书在版编目(CIP)数据

财务审计一本通：铁路基层单位财务审计实用手册/崔鹏编著. —北京：中国铁道出版社，2019. 1
ISBN 978-7-113-25427-8

Ⅰ. ①财… Ⅱ. ①崔… Ⅲ. ①铁路企业-财务审计-手册 Ⅳ. ①F239. 62-62

中国版本图书馆 CIP 数据核字(2019)第 012054 号

书　　名：财务审计一本通
——铁路基层单位财务审计实用手册
作　　者：崔　鹏　编著

责任编辑：黄　筱　安　琪　　**编辑部电话：**(010)51873023
封面设计：崔　欣
责任校对：苗　丹
责任印制：高春晓

出版发行：中国铁道出版社(100054，北京市西城区右安门西街 8 号)
网　　址：http://www.tdpress.com
印　　刷：三河市燕山印刷有限公司
版　　次：2019 年 1 月第 1 版　2019 年 1 月第 1 次印刷
开　　本：880 mm×1 230 mm　1/32　印张：8. 375　字数：214 千
书　　号：ISBN 978-7-113-25427-8
定　　价：36. 00 元

前　言

2017年，中国铁路总公司提出“强基达标、提质增效”工作主题，进一步提高了铁路财务、审计工作标准。随着现代企业制度的完善，新的经济现象层出不穷，带来的问题错综复杂，财务人员只掌握传统的会计核算已不能适应新常态下企业经营管理的需要。

审计工作同样如此，工作量日渐增多、标准不断提高、影响越发广泛、作用显著提升，面对如此高的标准和要求，内部审计人员要积极应对、深挖潜力、提高效率，以满足日益增长的监管要求。铁路企业目前拥有的内部专职审计人员约900人，约占全路职工的万分之四点五。审计力量不足是困扰各级内部审计机构的难题。

有效地提升财务人员工作能力、审计人员工作效率是编著本书的初衷。本书主要特点如下：

一是结合工作经验介绍铁路内部审计。内容通俗易懂，财务人员、审计人员、其他管理人员都宜阅读，对提高工作质量有一定的帮助。

二是结合内控系统介绍铁路内部审计。全面、系统地介绍铁路相关行业财务、审计情况，有助于财务人员全面了解相关知识。

三是结合铁路管理重点介绍铁路内部审计。从内控流程到管理重点，对易于疏漏的管理风险点进行了提示。

促进铁路企业依法合规经营、提升企业经营管理水平、创造更大效益是铁路审计人员的责任和目标。为了实现它,唯有撸起袖子加油干,不断努力、探索、提高,奋力谱写新时代铁路企业改革发展新篇章,为铁路事业保驾护航做贡献。

本书参考了大量财务、审计前辈的经验总结,旨在介绍铁路基层内部审计工作,让外行能看懂,内行有所启发。书中若有疏漏与不当之处,欢迎读者批评指正和提出宝贵意见。

作者

2019 年 1 月

目　录

第一章　铁路基层单位概述

中国铁路总公司是以铁路客货运输服务为主业，实行多元化经营的企业。负责铁路运输统一调度指挥，负责国家铁路客货运输经营管理，承担国家规定的公益性运输，保证关系国计民生的重点运输和特运、专运、抢险救灾运输等任务。负责拟订铁路投资建设计划，提出国家铁路网建设和筹资方案建议。负责建设项目前期工作，管理建设项目。负责国家铁路运输安全，承担铁路安全生产主体责任。

2017 年，铁路顺应新时代改革发展需要，各铁路局由全民所有制的传统企业，全面改制成为由中国铁路总公司出资的一人有限责任公司；由客货运输为主的运输生产型企业，全面转型为现代物流、文化旅游等多种经营业态的市场经营型企业；由规模速度型发展，全面升级为质量效益型发展的现代企业。铁路局集团公司充分调动党组织、董事会、监事会、经理层等各方面的积极作用，使公司各治理主体同向同行、合理合拍、各司其职、各负其责、有效制衡、协调运转。

2017 年末，铁路局集团公司层面的公司制改革完成，铁路基层单位的改革不是一朝一夕、一蹴而就的，需要成熟的条件和实践的检验。

一、铁路基层单位分类

铁路基层单位一般是指各铁路局集团公司所属的运输站段、运输辅助单位、非运输企业、工程建设指挥部、合资公司及其他单位等。运输站段及运输辅助单位是运输业务的核心，俗称主业单位。非运输企业等俗称辅业单位。

中国铁路太原局集团有限公司是全路货运量最大、重载技术最先进，唯一运输主业整体改制上市的铁路局集团公司，下面以其为例介绍铁路基层单位。截至 2017 年末，所属铁路基层单位有 78 个（含大秦铁路股份有限公司），其中：运输站段 37 个，如太原站、侯马北机务段、朔州工务段、大同电务段、湖东车辆段等；运输辅助单位 9 个，如太原物资供应段、计量所、太原职工培训基地等；非运输企业 11 个，如山西先行经贸有限公司、太原晋太实业（集团）有限公司、太原铁路地产置业有限公司等；工程建设指挥部及合资公司 12 个，如太原地区工程建设指挥部、山西太兴铁路有限责任公司、山西中鼎铁路货运物流有限公司等；其他单位 9 个，如工程监理所、传媒中心、信息技术所等。

铁路局集团公司改制后，铁路系统内部仍是三级管理模式，中国铁路总公司—铁路局集团公司—铁路基层单位。

运输站段是铁路的生产核心，也是铁路企业的成本中心，各单位互相配合，共同组成了铁路运输大联动，实现旅客、货物的位移，完成运输生产任务。铁路内部系统分类暂无文件进行明确，一般约定俗成，运输站段主要分为车务系统、机务系统、工务系统、电务系统、车辆系统（即俗称的“车、机、工、电、辆”）、通信系统、物资系统、房建系统、建设系统等。

机务站段主要负责担当旅客、货物列车牵引及调车作业，相应开展机车运用、机车检修、机车整备和机车救援等工作；车辆站段主要负责客车及货车车辆的检修和大维修；供电站段主要负责为运输生产、办公、生活供电及高低压电力线路、接触网、变配电室、牵引变电所等的运行维护；电务站段、通信站段主要负责行车信号、通信设备的检修和大维修等。设备单位的主要成本支出是材料支出，尤其在自办设备维修时，材料支出的真实性是检查的重点。此外，配件委外修和自办设备大修的委外项目也是成本核查的重点。

2018 年 1 月，涪陵工务段、达州工务段、遂宁工务段、重庆电务段、重庆供电段、达州供电段、成都通信段合并成立了成都铁路局集团公司重庆工电段。重庆工电段的成立标志着铁路系统性融合工作拉开序幕，是铁路贯彻党的十九大精神，践行“交通强国、铁路先行”战略目标，落实“强基达标、提质增效”工作主题，深化国有企业改革决策部署的一个具体行动，也是推动深化工务、电务、供电、通信等基础设施管理模式改革的实践。通过在重庆工电段推进实施工务、电务、供电、通信多工种管理综合化、维修一体化和大修专业化试点工作，探索建立与铁路发展相适应的劳动组织和生产管理模式，对铁路基层单位改革发展具有现实意义。其实类似工电段这种综合性站段在 2016 年就已有尝试，如：广通工电段、阜阳工电段，还有海口综合维修段、上海高铁维修段等。

各站段在承担运输任务发生运输成本的同时，也对外开展经营业务，譬如承揽路外企业的机车车辆修理、专用线产权单位线路设备代维修等。因此在审计时，首先应总体了解被审计单位主要承担的运输生产任务是什么，工作内容是哪些，承接的外委业务有哪些。在了解业务的基础上，掌握其主要成本支出的主要方向，进一步分析判断可能存在的问题和审计风险所在。

二、运输站段运输收入及清算方式

一般企业的资金从货币形态开始，按照“供应—生产—销售”顺序依次转化为储备资金、生产资金、产成品资金，最后又回到货币资金的形态。铁路运输主业的资金同样也是处于运动过程中的，但由于铁路主业的产品是位移，产品生产和销售过程是同时进行的，决定了它不存在有产成品资金，因而铁路资金在循环上也区别于其他行业。

铁路运输收入分为客运收入、货运收入、铁路建设基金、代收款等。运输进款资金主要由运输收入、专项收入和代收款三类资金共同形成。运输收入是铁路企业在完成旅客和货物运输工作中，按照国家规定的运价，向旅客和货主核收的货币资金。运输收入是铁路企业的销售收入，也是铁路运输进款资金的主要来源，具体包括旅客票价收入、行李包裹运费收入、邮运收入、货物运费收入、电气化附加费和其他收入几部分。专项收入主要包括国家批准收取的铁路建设基金、行李包裹货物保价费等。运输进款资金中还包括一些不属于铁路企业应得的收入，而属于代收的性质，由车站按规定核收，随客、货运收入一并上缴，然后由铁路局集团公司或中国铁路总公司拨付有关单位的资金。

由于铁路运输生产经营的特点，铁路运输进款按专用资金进行管理，运输进款资金不能直接用于购买材料、支付工资等支出，而必须专户存储，并按规定及时上缴。从车站收缴，然后逐级解缴，最后集中分配，这一过程即运输进款资金的运动。

运输进款资金实质上是一种过渡形态的资金。铁路各级运输收入部门将运输进款逐级解缴集中，按规定的清算办法在各铁路局集团公司之间进行分配。这是由于铁路运输生产作为一种联合劳动，其完成的运输产品的生产，即旅客和货物的位移都是由运输、机务、电务和工务等各部门共同完成的。因此，即使是管内运输的客货运输收入也不能全部归收取运费的车站和车务段所有，应当在所有参与运输产品劳动的各部门间进行分配。另外铁路直通运输需要通过两个或两个以上铁路局集团公司职工的联合劳动才能完成，直通运输的客货运输收入就更不能归始发局所有，应当在相关铁路局集团公司之间进行分配，从而形成各铁路局集团公司的运输清算收入。经分配后的运输清算收入才是各铁路局集团公司补偿运输支出和清算费用、交纳税金及计算运输利润的资金来源。内部资金收付运动，俗称“收支两条线”。

2018 年，铁路开始实行新的货运承运清算办法，是铁路运输企业市场化经营的重大变革，是经营管理机制的重大创新。新办法按计费工作量和对应清算单价，按票向提供服务的企业付费，可以用

"四个清晰导向"概括：一是清晰导向收入来自市场，"谁提供服务，收入清算就给谁"是货运承运清算最明显、最根本、最核心的变化；二是清晰导向运输"一盘棋"，多装车、多收入，但大家都去抢车皮、争资源，会破坏全路"一张网"，破坏铁路形象和声誉，因此要突出调度集中统一的权威性和约束性，还要实现运输组织精细化；三是清晰导向效益最大化，只有让每辆车满吨、每列车满轴、每张网满图，把能力打满，把效率提高，才算最大化；四是清晰导向降本提质增效，着力降低运营成本，提高经营质量。该办法符合当前铁路市场化经营机制，是能够实现全路收支平衡的一套清算体系。

三、运输站段运输支出及清算方式

运输站段作为具体的生产部门，铁路局集团公司成本列支主要集中于此，可以看作是制造业企业的车间，目前主要依靠全面预算管理来实现站段收支控制。

（1）成本支出构成。运输站段的成本支出主要有折旧、工资及附加、维修支出以及由材料、燃料、电力、其他人工、其他费用等要素组成的直接和间接生产费用、管理费用等。

（2）清算方式。各站段的运输成本支出向铁路局集团公司财务处办理清算取得补偿，站段的运输盈亏即是清算数与实际支出数的差额。折旧和工资附加为全额清算；工资清算由劳卫处核定；大修支出是在大修预算内据实清算，超支不予清算；直接生产费用与完成的运输生产任务挂钩清算。

一般工资清算数由各铁路局集团公司劳卫处核定，通常核定时间较晚，与实际支出数存在的出入不大，但应关注是否隐藏工资超支或工资结余的问题，比如挂账或银行存款余额调节表调节工资支出等。

大修支出和更改项目支出的清算政策一致，均是预算内据实清算，超支不予清算。对这种"节无奖、超有罚"的清算政策，站段一般不会形成节余，现在的实际操作基本都是按预算数列满支出，容易存在可操作空间，审计时应重点关注。铁路局集团公司会聘请中介机构对部分大修和更改项目进行第三方审价，进一步规范基层单位此项支出行为。少数有条件的集团公司内部审计机构自行开展大修和更改项目的竣工决算审计和第四方审价工作，成效显著。

四、非运输企业分类

在20世纪改革开放的大形势下，全路实行经济承包责任制后，开始起步发展第三产业，进而提出了“以主带副，以副养主”的战略。

随着直管站段体制的实施和主辅分离、辅业改制工作的不断推进，企业改革重组的有力推进，确立了“客运全局化、货运区域化、工程专业化”的思路。面对改革带来的新变化，如何实现铁路多元经营“创岗创效、做强做优”目标，实现企业可持续发展，脱离以往靠主业吃饭的模式，是铁路非运输企业目前面临的最大难题。

企业种类的确定一般有两个标准，即学理标准和法定标准。学理标准是研究企业和企业法的学者们根据企业的客观情况以及企业的法定标准对企业类型所作的理论上的解释与分类。这种分类没有法律上的约束力和强制性，但学理上的解释对企业法的制定与实施有着指导和参考作用。法定标准是根据企业法规定所确认和划分的企业类型。法定的企业种类具有法律的约束力和强制性。但因企业的类型不同，法律对不同种类企业规定的具体内容与程序上的要求也有很大区别。

企业法定分类的基本形态主要是独资企业、合伙企业和公司。法律对这三种企业划分的内涵基本作了概括，即企业的资本构成、企业的责任形式和企业在法律上的地位。从我国的立法实践来看，我们基本上按所有制形式安排企业立法，划分企业类型。随着社会主义市场经济体制的逐步建立，企业改革的进一步深化，我国也将把独资企业、合伙企业和公司作为我国企业的基本法定分类。我国已颁布《中华人民共和国公司法》《中华人民共和国合伙企业法》《中华人民共和国个人独资企业法》。铁路非运输企业完成公司制改革前，按性质一般可以分为全民所有制企业和集体所有制企业，也就是俗称的多经企业和集经企业。

企业按工业和信息化部、国家统计局、国家发展改革委、财政部《关于印发中小企业划型标准规定的通知》(工信部联企业〔2011〕300号)，可以分农、林、牧、渔业，工业(包括采矿业，制造业，电力、热力、燃气及水生产和供应业)，建筑业，批发业，零售业，交通运输业(不含铁路运输业)、仓储业，邮政业，住宿业，餐饮业，信息传输业(包括电信、互联网和相关服务)软件和信息技术服务业，房地产开发经营，物业管理，租赁和商务服务业，其他未列明行业(包括科学研究和技术服务业，水利、环境和公共设施管理业，居民服务、修理和其他服务业，社会工作，文化、体育和娱乐业等)。

铁路非运输企业可以说是涵盖了各个行业，主要涉及制造业，建筑业，批发业，零售业，交通运输业，仓储业，住宿业，餐饮业，信息传输业，软件和信息技术服务业，房地产开发经营，租赁和商务服务业，其他服务业等。这就要求内部审计人员知识储备丰富，对各行业的生产流程及基本情况充分掌握，从而能够发现问题，解决问题。

从铁路局集团公司层面来说，一般认为各铁路局集团公司直属企业为一级企业，各直属企业下属子、分公司为二级企业，以此类推(三、四级企业正在逐步撤销)。

目前多、集经企业大多依托主业，为主业提供相关配套服务，吃“政策饭”。能够在所属行业具有一定规模跟影响力的企业较少。非运输企业应以铁路局公司制改革为契机，逐步建立现代企业制度，推动专业化、规模化、网络化经营，提高自主创新能力和资产资源开发效益。

第二章　铁路内部审计

第一节　财务与审计关系

在我国改革开放历经40年的发展之后，逐步建立了可以与国际标准接轨的会计和审计制度。我国审计已进入了一个崭新的历史阶段，成为权利监督机制的重要组成部分。

简单来说审计是对被审计单位的财务收支及有关经济活动的真实性、合法性、效益性进行监督的活动。那么审计和财务的关系又是怎样的呢？每个单位都有财务部门，财务和审计的关系是不可分割、相互联系的，二者既有区别又有联系。在日常的工作中，理顺二者关系对我们为解决会计处理中的各种问题，保障内部审计职能的发挥起着举足轻重的作用。

一、财务与审计的区别

1. 概念不同

财务从狭义上讲是指经营的价值计算，通常以损益和财产计算为对象；从广义上讲则是指资金的运用和筹措业务，以资金运动为对象，对其进行连续系统全面的核算和监督。审计是指具有超脱地位的审计人员，对被审计单位的财务收支及有关经济活动的真实性、合法性、效益性进行检查评价的一种经济监督活动。

2. 工作重点不同

财务管理是指企业组织资金运营，处理财务关系的管理工作，侧重于如何理财，主要以资金管理为龙头，全方位推行以量化考核为主的财务约束机制,为管理当局的决策提供依据。而审计侧重于对企业的经营活动进行评价,不只限于对经济活动的合规性与合法性监督,而是从人事、内部控制、环境、资源等方面进行监督、鉴证和评价。现代企业制度下的审计重点在于鉴证和评价企业管理的有效性。

3. 监督内容不同

财务监督是指利用价值形式对企业生产经营活动所进行的控制和调节,它与财务部门的其他业务连为一体,受其制约,不具有独立性。而审计监督则不仅仅对财务资金运营情况进行检查,还是依据审计证据,通过综合分析形成审计结论,提出审计报告,用以评价企业的经济活动。财务监督主要是日常的业务监督,是较低层次的监督控制。审计监督除审核会计资料外,更多的是审查与财务有关的经济活动,是较高层次的经济监督活动。

二、财务与审计的联系

1. 规范企业经营管理活动

财务不仅要反映企业已经发生的经济业务,还要监督这些业务是否合理合法,是否偏离了企业的经营目标和运作轨道,是否符合企业各项内控制度。审计则同样要依据有关法律法规的规定和企业的各项内控制度,以会计资料为前提和基础,检查企业的会计资料及其反映的经济业务的合理合法及效益性。因此,审计实质上是对财务监督的内容进行再监督,对财务认定的内容进行再认定。

2. 促进企业改善经营管理提高经济效益

财务人员在其管理过程中,对于发现的各种问题,需要及时向管理当局反映并提出改进意见以改善经营管理。审计人员在其审计过程中,也会发现企业的管理弱点,通过向管理当局出具有权威性的审计报告,从而提出建设性的审计意见和建议,促进企业进一步加强管理,提高经济效益。

3. 完善企业内部控制制度

企业财务在其日常管理过程中，一般都需要预先制定相关的内部控制制度，以保证财务活动的有效运行，保证财务信息的可靠性，防止和发现有关人员的舞弊贪污等违纪违法行为，从而保证企业各项资金的安全与完整。而审计人员在其审计过程中，为了提高审计效率，保证审计效果，同样要涉及企业的内部控制制度，要对其健全性和有效性进行符合性测试。

作为经济管理的工具，财务与审计都是企业经济监督体系中不可或缺的重要组成部分，二者存在内在联系和区别，要求专业人员在实际工作中必须理顺并正确处理好二者之间的关系。

(1)在思想认识上提高对审计工作重要性的再认识。

随着社会主义市场经济的发展，审计工作的范围日益扩大，其在经济工作中的防护性、论证性、促进性作用越来越充分地显示出来。而在当今国际国内经济的大环境下，尤其要明确审计的独立性，广泛宣传审计的重要性，提高审计机构及人员的地位。

(2)在部门划分上要单独设置，职责分明。

当前，大多数单位已经将审计部门单独设置，但仍有极少数单位将审计纳入财务部门的管辖范围，在财务部门设立审计岗位或下设审计处室，使得财务与审计之间界限不明，职责不分，大大限制了审计职能作用的发挥，使审计的独立性受到损害，审计机构或人员形同虚设，审计工作缺乏实质性意义。

(3)在协作关系上紧密配合，互相支持。

财务管理工作是审计工作的前提，是审计工作的基础，做好财务管理工作有助于审计工作的开展；同时，审计工作做好又会促进财务管理工作的提高。然而，有些不了解的人却认为“审计是在找财务的茬”。因此，财务人员不愿主动配合审计人员的工作，甚至闹情绪。这样就容易造成财务与审计部门关系紧张，不利于审计工作的开展，管理当局应尽量提供有利的条件，以使二者密切配合、和睦相处,把审计工作贯穿于企业经营管理活动中,使内部审计成为企业管理机构中必不可少的机构,把审计的“谋士”和“卫士”作用发挥在事前或事中,防患于未然。

第二节　内部审计概述

现代内部审计之父劳伦斯·B·索耶(Lawrence B. Sawyer,1911.4.13—2002.9.18)于1973年在《现代内部审计实务》一书中提出了内部审计的定义:“对组织中各类业务和控制进行独立评价,以确定是否遵循公认的方针和程序,是否符合规定和标准,是否有效和经济地使用了资源,是否在实现组织目标。”他将自己的丰富经验与现代管理科学融为一体,从一种崭新的角度,对各种内部审计实践问题进行了系统的、孜孜不倦的研究。索耶称得上是当代世界第一流的内部审计权威人士,现代内部审计的重要奠基人。为了表彰他对内部审计职业所作出的卓越贡献,国际内部审计师协会(IIA)向他颁发了内部审计最高奖——布雷德福纪念奖,并四次向他颁发了瑟斯顿奖。

国际内部审计师协会(IIA)成立于1941年,其前身是美国内部审计师协会,其会员称之为国际注册内部审计师。1947年IIA第一次提出了内部审计定义,经过半个多世纪的探索,2001年,IIA对内部审计进行了第七次定义:“内部审计是一种独立、客观的确认和咨询活动,旨在增加价值和改善组织的运营。它通过应用系统的、规范的方法,评价并改善风险管理、控制和治理程序的效果,帮助组织实现其目标。”

一、内部审计的基本概念

审计是一项具有独立性的经济监督活动,独立性是审计区别于其他经济监督的特征;审计的基本职能不仅是监督,而且是经济监督，是以第三者身份所实施的监督。审计的主体是从事审计工作的专职机构或专职的人员，是独立的第三者，如国家审计机关、会计师事务所及其人员。审计的对象是被审计单位的财政、财务收支及其他经济活动，这就是说审计对象不仅包括会计信息及其所反映的财政、财务收支活动，还包括其他经济信息及其所反映的其他经济活动。审计的基本工作方式是审查和评价，即搜集证据，查明事实，对照标准，做出好坏优劣的判断。审计的主要目标，不仅要审查评价会计资料及其反映的财政、财务收支的真实性和合法性，而且还要审查评价有关经济活动的效益性。

国家审计署曾于1995年发布《审计署关于内部审计工作的规定》。该规定的发布实施，促进了内部审计制度的建立健全，大大推动了国家内部审计事业的发展。但是，随着我国改革开放的不断深入，该规定的一些内容与我国建立健全社会主义市场经济体制的总体要求已经不相适应。为适应内部审计工作实践需要，2003年审计署在研究国内外内部审计制度、总结我国内部审计工作经验的基础上，对1995年发布的《审计署关于内部审计工作的规定》进行了全面修改，对内部审计机构的设置、职责、权限、法律责任等作出了新的规定，形成了适应社会主义市场经济需要的《审计署关于内部审计工作的规定》。

随着现代企业的发展，经济业务内容与外延不断发展变化，对内部审计要求越来越高，内部审计机构的职能也在不断扩充、完善。

2018年1月国家审计署新发布了《审计署关于内部审计工作的规定》（以下简称《规定》）。新修订的《规定》与2003年发布的《规定》相比进一步拓展了内部审计职责范围。

首先，明确内部审计定义。在总则中将其定义明确为“对本单位及所属单位财政财务收支、经济活动、内部控制、风险管理实施独立、客观的监督、评价和建议，以促进单位完善治理、实现目标的活动”。与原定义相较，增加了“建议”职能，将监督范围拓展至内部控制、风险管理领域，将目标定位为“促进单位完善治理、实现目标”。

其次，明确内部审计职责范围。共涉及财政财务收支审计、内部管理领导人员经济责任审计等12项职能。与原职责范围相比，增加了贯彻落实国家重大政策措施情况审计，发展规划、战略决策、重大措施以及年度业务计划执行情况审计，自然资源资产管理和生态环境保护责任的履行情况审计，境外机构、境外资产和境外经济活动审计，协助督促落实审计发现问题的整改工作，指导监督所属单位内部审计工作等职责。

为进一步强化内部审计独立性，《规定》主要从以下两个方面予以规范。

一是进一步健全有利于保障内部审计独立性的领导机制。规定内部审计机构或履行内部审计职责的机构应当在单位党组织、董事会（或者主要负责人）直接领导下开展内部审计工作。单位党组织、董事会（或者主要负责人）要定期听取内部审计工作汇报，加强对内部审计工作规划、年度审计计划、审计质量控制、问题整改和队伍建设等重要事项的管理。国有企业还应当按照有关规定建立总审计师制度，总审计师协助单位党组织、董事会（或者主要负责人）管理内部审计工作。同时明确下属单位、分支机构较多或者实行系统垂直管理的单位的内部审计机构对全系统内部审计工作负有指导和监督职责。

二是建立健全内部审计人员独立性约束和保护制度。规定内部审计人员必须严格遵守有关法律法规、《规定》和内部审计职业规范，忠于职守，做到独立、客观、公正、保密，不得参与可能影响独立、客观履行审计职责的工作；在遭受打击、报复、陷害时，单位党组织、董事会（或者主要负责人）应当及时采取保护措施，并对相关责任人员进行处理；涉嫌犯罪的，移送司法机关依法追究刑事责任。

为切实加强审计机关对内部审计工作的业务指导和监督，《规定》从以下两个方面进行了规定。

一是明确审计机关指导和监督的职责范围。包括:起草有关内部审计的法规草案;制定有关内部审计工作的规章制度和规划;推动单位建立健全内部审计制度;指导内部审计统筹安排审计计划,突出审计重点;监督内部审计职责履行情况,检查内部审计业务质量;指导内部审计自律组织开展工作等。

二是明确指导和监督的主要方式。指导主要通过业务培训、交流研讨等方式展开,监督主要通过日常监督、结合审计项目监督和专项检查等方式展开,此外审计机关还可以通过向内部审计自律组织购买服务进行业务指导和监督。特别是此次修订《规定》时,一并研究制定了《审计署关于加强内部审计工作业务指导和监督的意见》,对《规定》内容进行了进一步细化和具体化,为今后审计机关加强内部审计指导监督工作提供了基本遵循,必将促进《规定》被更好地贯彻执行。

二、内部审计的作用

内部审计是外部审计的对称。它是指由本部门、本单位内部的独立机构和人员对本部门、本单位的财政财务收支和其他经济活动进行的事前和事后的审查和评价。这是为加强管理而进行的一项内部经济监督工作。

内部审计机构在部门、单位内部专门执行审计监督的职能,不承担其他经营管理工作。它直接隶属于部门、单位最高管理当局,并在部门、单位内部保持组织上的独立地位,在行使审计监督职责和权限时,内部各级组织不得干预。但是,内部审计机构仍是单位内设机构,其独立性不及外部审计;它所提出的审计报告只供部门、单位内部使用,在社会上不起公证作用。

内部审计在单位内部监督制度中的重要作用主要体现在以下三个方面。

(1)预防保护作用。

内部审计机构对会计部门工作的再监督,有助于强化单位内部管理控制制度,及时发现问题纠正错误,堵塞管理漏洞,减少损失,保护资产的安全与完整,提高会计资料的真实、可靠性。

(2)服务促进作用。

内部审计机构作为企业内部的一个职能部门,熟悉企业的生产经营活动等情况,工作便利。因此,通过内部审计,可在企业改善管理、挖掘潜力、降低生产成本、提高经济效益等方面起到积极的促进作用。

(3)评价鉴证作用。

内部审计是基于受托经济责任的需要而产生和发展起来的,是经营管理分权制的产物。随着企业单位规模的扩大,管理层次增多,对各部门经营业绩的考核与评价是现代管理不可缺少的组成部分。通过内部审计,可以对各部门活动作出客观、公正的审计结论和意见,起到评价和鉴证的作用。

要提高内部审计作用的发挥效果,一方面要加强内部审计的行业自律与引导。另一方面企业的管理当局要赋予内部审计机构足够的权力。

铁路内部审计工作在铁路系统公司制改革后,作用越发重要。从其以监督为主的职能转变为监督、保障、评价三位一体的职能。也就是"卫士""医士""谋士"作用。

三、内部审计的工作内容

内部审计的内容是一个不断发展变化的范畴。现代内部审计的主要内容包括:财务审计、经营审计、管理审计和风险管理等。这主要取决于企业的规模、结构及管理当局的要求。通常,与内部审计的含义相对应,传统的内部审计内容包括以下四个方面。

(1)检查、监督和评价内部会计控制制度,尤其是其中的内部牵制制度的健全性、恰当性及有效性,监督其运行,并提出改进建议。

(2)检查、监督和评价财务和经营信息。具体包括用于确认、计量、分类和报告该类信息的措施,以及对某些项目的具体查询,包括详细测试交易、金额和范围。

(3)检查、监督和评价经济活动的经济性、效率和效果,包括企业的非财务控制。

(4)检查、监督和评价对法律、规定和其他外部要求的遵循情况,以及对管理当局政策、指令和其他内部要求的遵循情况。

而根据国际内部审计师协会的标准,内部审计的内容包括以下六个部分。

(1)查明企业内部数据是否真实可靠。

(2)查明企业资产核算是否健全,并保证资产不受任何损失。

(3)检查和评价会计、财务和其他控制职能是否健全和充分。

(4)查明企业的政策、计划和规章制度是否认真执行。

(5)评价企业各部门完成各项任务的质量。

(6)提出改进经营管理的建议。

现代企业内部审计主要以经营审计、管理审计和风险管理审计为主。

1. 经营审计

(1)经营审计的含义。

经营审计就是对单位生产经营活动全过程的合理性和生产力诸要素的开发利用情况及其经济性、效率性与效果性的实现程度进行审查,旨在帮助被审计单位挖掘人、财、物的潜力,改进经营工作。20世纪以来,企业之间的竞争加剧,资源日益昂贵,顾客的要求越来越高,在这种形势的推动下,内部审计人员在财务审计基础上,建立了以提高企业经济效益为内容的经营审计,由此从前期的防护性审计向对企业管理作出更大贡献的建议性审计方向迈进。

(2)经营审计的主要内容。

①物资供应审查。物资供应审查的主要内容包括:审查企业有无采购计划,材料物资有无科学的储量标准;审查采购的批量、间隔

是否恰当;审查供应商的选择是否合理;审查采购费用是否节约;审查到货的设备及各种材料物资有无经过检验。

②生产组织审查。生产组织审查的主要内容包括:审查生产组织方式、生产批量的大小、生产计划的安排是否合理、有效;审查生产能力的利用效率。

③技术工艺审查。技术工艺审查的主要内容包括:审查企业的产品工艺是否采用了国内外的先进技术;审查工艺流程是否合理;审查运行中的问题是否能够得到及时解决;审查技术指标是否科学;审查产品质量措施是否有效。

④资源利用审查。资源利用审查的主要内容包括:审查劳动力的利用是否有利于优化劳动力的配备和组合、有利于工时的合理安排、有利于劳动技能与劳动效率的提高;审查资产结构和资本结构是否合理,资金的使用是否节约并达到预期的效果;审查物资(包括各种原材料、设备、能源、水、地下矿藏等)的利用是否合理、节约。

⑤成本审查。内部审计人员在新产品开发与设计阶段要评价其目标成本,对设计方案的成本效益利用进行评价,消除不良因素,降低产品成本;评价成本目标的实现程度,分析影响成本变动的原因。

⑥存货资金审查。内部审计人员主要应分析和评价存货资金是否合理、存货管理是否有效。

⑦产品销售审查。内部审计人员应分析评价企业生产的产品是否符合社会的需要,销售网点的建立是否合理,市场占有率如何,产品的宣传工作有无成效,产品入库、保管、发货、运输、收款各环节是否协调畅通,产品成本和价格是否适合,销售信用政策的确定是否合理,售后服务安排是否恰当等。

2. 管理审计

(1)管理审计的含义。

管理审计通常是指对管理制度和管理工作所进行的审计。管理审计是一种重要的经营工具,在质量管理学领域有着极其重要的意义。审计人员根据事实证据来评价系统、实务和程序是否符合目标并予以有效的实施。

(2)管理审计的内容。

①审查企业的管理职能。主要包括:审查企业是否制订了完备的管理制度和管理方法,是否规定了企业的目标及其实现目标的途径;审查企业已制订的管理制度和管理方法是否已全部贯彻执行,并发挥了应有的作用;审查企业各项职能管理部门是否围绕着提高经济效益这一中心进行相互协调和平衡;审查企业是否根据自身的任务与目标,对生产经营活动进行合理的分工协作、合理地配备和使用企业资源;审查企业是否经常对生产经营活动进行监督检查,发现偏差是否及时予以纠正。

②审查企业各管理职能部门的工作。主要包括:审查企业长期、中期、短期的供、产、销计划管理;审查生产技术、生产组织、生产流程、生产效益等生产管理;审查营销策略、市场预测、销售计划、销售合同、销售费用以及销售服务等情况;审查产品质量、工作质量、质量的经济性,以及全面质量管理;审查资金的运用、资金周转的速度以及增收节支等措施;审查设备物资的采购、保管和使用等。

(3)管理审计的方法。

管理审计的方法除了经常用查询法了解被审计单位的管理情况和用观察法到现场观察管理工作外,还应有选择地采用以下几种方法。

①调查表法。调查表法是根据审计工作的要求事先拟好需要了解的问题,设计好调查表格,发给有关人员征求意见的方法。这是管理审计搜集审计证据的一种重要方法。

②流程图法。流程图法是指用各种符号将某一种业务程序绘制成一张工作流程图的方法。此方法可用于反映管理工作中各部门的联系和某一管理工作的程序,可以采用调查内部控制的流程图符号绘制,也可以创新其他符号。

③金额法。金额法是将管理得失数量化,用货币数量来表达的一种方法。此方法是计算管理得失的一种算账法。

④评分法。评分法是将管理工作和管理人员素质划分成若干个部分分别评定分数,并计算总分,据以评价管理工作和管理人员素质优劣的方法。此方法是传统考核方法和科学考核方法的结合。

⑤审计调查法。审计调查是指根据审计目标,就某一专门问题向被审计单位相关部门和人员进行询问、查档、综合分析,并在此基础上写出专门报告的一种审计方法。此方法主要应用于对大型企事业单位及宏观经济效益的审计。

3. 风险管理审计

风险管理是企业通过对潜在意外或损失的识别、衡量和分析,并在此基础上进行有效的控制,用经济、合理的方法处理风险,以实现最大的安全保障的过程。内部审计人员参与风险管理的主要内容如下。

(1)监督和评价企业风险管理系统的有效性。

企业风险管理系统的有效性主要包括以下三项内容。

①评价企业风险管理组织结构的合理性、有效性。随着风险管理运动在西方国家的兴起和推广,大企业、大公司都有了自己独立的风险管理机构和管理人员,内部审计应当对企业风险管理组织结构的构建及其健全性、有效性予以评价并提出改进措施。

②监督和评价企业风险管理活动的有效性。内部审计部门要通过对企业风险管理组织进行的风险管理活动的评价或监督来参与企业风险管理。既要评价风险管理的过程,也要评价风险管理的效果,发现风险管理中的薄弱环节,提出改进措施。

③评价和监督企业风险管理的策略及各种相关规章制度的制定和实施。

(2)评价与企业相关的管理、经营和信息系统的风险。

企业的各种风险主要有以下内容。

①生产风险。生产风险是指生产者在生产某种产品的过程中所要承担的风险，主要包括物资采购库存风险、物资采购风险、劳动生产率风险、产品质量风险等。

②营销风险。营销风险是指企业的营销活动所产生的风险，其具体表现为：营销策略难以实施、目标市场缩小或消失、产品难以售出等。

③财务风险。财务风险是指由于利率、汇率、投资报酬率、股利的变动给企业造成的可能的损失。它由投资风险和筹资风险构成。

④经营风险。经营风险是指由于经营活动导致企业的可能的损失，包括组织设计和运行风险、战略规划风险、内部控制设计与运行风险等。

⑤人员风险。人员风险是指因人事制度不合理等原因造成的高级人才的可能的流失。

⑥新产品开发风险。新产品开发风险是指新产品预期收益的不确定性和市场销售的不确定性。

⑦信息系统风险。信息系统风险是指由于使用信息系统所带来的风险，例如，计算机故障，计算机犯罪等。

四、内部审计的特点

内部审计的特点一是审计机构和审计人员都设在各单位内部；二是审计的内容更侧重于经营过程是否有效、各项制度是否得到遵守与执行；三是服务的内向性和相对的独立性；四是审计结果的客观性和公正性较低，并且以建议性意见为主。

与外部审计相比，内部审计的特点有以下两方面。

(1)范围和作用的侧重面有所不同。内部审计既要审查会计账目、会计行为和财政财务收支活动，更要注重审查企业的产供销等各项经济活动或行政事业单位的有关业务活动；不仅要实行事后审计，而且更注重实行事前审计；既要查错防弊，起防护性作用，更要注重为改善经营管理和提高经济效益提供建议，起建设性作用。实施内部审计，有利于监督部门、单位遵守政府的制度法令，完善和加强内部控制制度，协助内部人员有效地履行其职责，保护财产安全完整，经济而有效地利用各种资源，并保证经济信息的正确、可靠。

(2)工作深度有所不同。内部审计机构是部门、单位常设的专职机构，熟悉部门、单位内部的情况，并有充分时间有针对性地做细致的审查。外部审计与内部审计相互合作，互为补充，是当代审计的一大特点。健全的内部审计制度，可为外部审计提供可信赖的资料，减少外部审计的工作量。在中国，内部审计不仅是部门、单位内部经济管理的重要组成部分，而且作为国家审计的基础，被纳入审计监督体系。

第三节 铁路内部审计

一、铁路内部审计的起源、发展

铁路行业审计源于1931年，铁路设置“审计办事处”，隶属于各省的“审计处”，由铁路“审计办事处”对铁路的财务收支活动进行审计监督。

自1949年中华人民共和国成立以来，原铁道部在几十年间历经裁撤、复起、减员等改革，长期保持着政企合一、政监合一、政资合一的体制，曾被称为计划经济的最后一个堡垒。

中华人民共和国成立初期，推行高度集中的计划经济模式，审计机构全部撤销，财务监督改由财务部门自行监管。之后根据1982年《中华人民共和国宪法》，国家审计署于1983年成立，隶属国务院。1984年，原铁道部成立审计局，对铁路单位进行审计监督。

1988年，原铁道部审计局变更为国家审计署驻铁道部审计局，承担国家审计和铁道部内部审计的双重职能。1998年，国家审计署撤销派驻国务院各部委的审计局，铁道部设立审计中心，对铁路国有资产进行审计监督。

2013 年 3 月,根据第十二届全国人民代表大会第一次会议批准的《国务院机构改革和职能转变方案》,铁路实行政企分开,将铁道部拟定铁路发展规划和政策的行政职责划入交通运输部;组建国家铁路局,由交通运输部管理,承担原铁道部的其他行政职责;组建中国铁路总公司。

2013 年 3 月 14 日,中国铁路总公司正式成立,它是经国务院《国务院关于组建中国铁路总公司有关问题的批复》(国函〔2013〕47号)批准,依据《中华人民共和国全民所有制工业企业法》设立,由中央管理的正部级国有独资企业。

二、铁路内部审计的工作

中国铁路总公司内设审计和考核局,主要负责中国铁路总公司所属单位经营业绩、财务收支、建设项目、领导人员经济责任等内部审计监督工作,负责中国铁路总公司所属企业经营业绩考核工作,负责总公司机关和直属机构绩效考核等方面工作。

1. 拟订中国铁路总公司内部审计管理制度、办法并监督实施。制定中国铁路总公司年度审计计划并组织实施。

2. 组织实施中国铁路总公司机关、所属单位财务收支和经营业绩审计、中国铁路总公司投资的建设项目审计、境外资产和经济活动审计、中国铁路总公司所属单位领导人员经济责任审计、中国铁路总公司所属企业内控制度审计、中国铁路总公司重大决策事项的跟踪审计。

3. 组织开展中国铁路总公司范围内系统性专项审计或审计调查工作。

4. 负责中国铁路总公司机关、所属非运输企业和铁道党校的审计监督工作。

5. 承担中国铁路总公司经济责任审计工作联席会议办公室

职责。

6. 拟订中国铁路总公司所属企业经营业绩考核办法,负责组织年度考核工作。

7. 拟订中国铁路总公司机关绩效考核办法,并负责组织考核工作。

8. 归口管理总公司审计特派员办事处的行政管理工作,领导审计特派员办事处的业务工作。协助、协调中国铁路总公司有关部门和单位管理审计特派员办事处的人事、劳资、财务、后勤服务等工作。

9. 指导中国铁路总公司所属单位的内部审计工作。

10. 承办中国铁路总公司领导交办的其他工作。

2017 年末,中国铁路总公司在全面梳理分析铁路审计工作中存在的问题和现状,调研借鉴部分中央企业内部审计的做法,进一步完善审计管理体制:一是建立了垂直管理与分级管理相结合的审计管理的新模式,强化了中国铁路总公司对全路审计工作的统筹和集中管理,加强了上审下的外部监督力度。二是优化了中国铁路总公司审计机构的设置,审计和考核局根据中国铁路总公司机关机构改革的统一部署,优化重组了职能,成立了"三处一部",将审计管理与审计业务职能适当分离,工作业务界面更加清晰。中国铁路总公司按照区域设立了六个审计特派办,增强了中国铁路总公司本级的审计力量。三是所属企业按照现代企业制度的有关要求和公司的章程,推进内部审计嵌入企业的法人治理结构,就内部审计对企业党组织、董事会负责并报告工作进行了制度性的安排。四是对审计人员实行分类管理,为专职审计人员单独设立了职务的序列。

新成立的审计特派员办事处,负责管辖范围内的内部审计工作,具体的工作职责有以下几方面。

(1)贯彻落实中国铁路总公司审计管理的各项制度和工作要求。

(2)负责管辖范围内中国铁路总公司所属企业经营业绩和财务

收支审计的实施工作。

(3)负责管辖范围内中国铁路总公司所属企业各单位领导人员经济责任审计的实施工作。

(4)负责管辖范围内中国铁路总公司管理合资铁路公司的建设项目审计的实施工作。

(5)负责管辖范围内中国铁路总公司所属企业内部控制制度审计的实施工作。

(6)负责管辖范围内专项审计和审计调查的实施工作。

(7)根据中国铁路总公司审计和考核局统一安排,参加中国铁路总公司综合性审计工作,开展跨区域的交叉审计。

(8)负责及时报告管辖范围内的中国铁路总公司所属企业重要经营管理信息;监督管辖范围内中国铁路总公司所属企业贯彻落实国家政策和中国铁路总公司决策及工作要求情况,定期提出分析报告。

(9)承办中国铁路总公司及审计和考核局交办的其他工作。

至此,铁路内部审计体系建设完成质的飞跃,新体系将进一步发挥内部审计作用,铁路内部审计的地位和作用更加突出。一是加强对单位经营管理行为、资产资金安全的监督,当好"守护神",突出了审计的监督功能,促进所属企业规范管理,防范重大经营风险。二是加强对领导人员权力运行经济责任的履行情况的监督,合理界定企业主要领导人员应当承担的经济责任,正确评价其是否规范履职,念好"紧箍咒",有效促进各级领导干部主动作为、有效作为,发挥审计监督和保障的功能。三是加强对中国铁路总公司重大决策情况的监督,发挥审计保障和评价的功能,当好"督察员"。落实铁路内部审计当好监督员、守护员,念好"紧箍咒"的要求,积极发挥审计监督、保障、评价的三大功能。

铁路基层单位的内部审计主要依靠各铁路局集团公司内设的审计机构来完成。各铁路局集团公司一般内设审计处或审计部,负责所属单位的内部审计工作，业务上受审计和考核局及审计特派员办事处监管和指导。同时审计和考核局及审计特派员办事处对各铁路局集团公司进行经营业绩等项目的审计时也会延伸至铁路基层单位。

铁路基层单位内部审计工作主要在中国铁路总公司审计和考核局及审计特派办监管、指导下，各铁路局集团公司审计机构对所属单位进行的内部审计活动。

具体对所属基层单位实施财务收支审计、任期经济责任审计、经营业绩审计、建设资金管理与使用情况审计、资产投资效益审计、专项审计调查等。

铁路系统改制是一个漫长的过程，内部审计工作随着改革而逐步演化。目前从中国铁路总公司至各铁路局集团公司均未配备总审计师，内部审计仍受现实条件制约，发挥作用有限，仍有广阔的发展空间。

第四节　铁路审计管理信息系统

2016年，受审计和考核局委托，由中铁信弘远（北京）软件科技有限责任公司研发的铁路审计管理信息系统正式投入使用。

铁路审计管理信息系统包括审计管理、审计作业、分析预警、决策支持、数据管理和系统管理6个子系统。各子系统通过内部信息交互处理实现一体化协同运行；外部从会计核算系统、收入管理系统等铁路财务系统和其他相关业务系统等外部信息源中采集审计所需财务、业务数据，作为审计管理信息系统的数据来源和基础。

1. 审计管理子系统

审计管理子系统是管理人员进行审计工作的平台，是与外勤审计进行信息沟通的平台；包含审计资源管理、计划管理、项目管理、档案管理、统计分析等功能，审计作业产生的工作成果（工作底稿、报告、问题等）能同步展现在管理平台上，审计部门领导能够及时、全面地了解审计项目进度、审计人员的工作成果、审计质量等管理信息，并可以对审计问题的后续整改持续跟进。

2. 审计作业子系统

审计作业子系统是审计人员进行审计工作的平台，由项目切换、准备阶段、实施阶段、终结阶段、审计文书、项目台账、审计整改和审计工具等功能构成，是审计项目组协同审计作业的工作平台，使审计人员作业方式全面转向信息化系统。

3. 分析预警子系统

分析预警子系统是将审计数据管理平台提取的业务信息进行汇总分析，针对经营风险关键点，对于财务、业务等数据进行分析预警，利用构建分析模型、监控方法和关键指标等方法进行预警，预警结果能够以多种方式实时通知，便于及时发现重大风险，预警结果（重大风险和审计疑点），也可以为审计项目准备和实施提供支持。

4. 决策支持子系统

决策支持子系统是通过集成各种与审计工作相关的信息，辅助审计部门领导全面掌握审计计划的执行情况、具体审计项目的完成情况、审计人员状况等。对审计成果进行汇总，自动生成反映审计成果的各种统计报表。用图表等直观方式展现各种宏观分析数据，为审计部门领导制订审计计划和部署审计工作的决策提供信息支持。

5. 数据管理子系统

数据管理子系统是审计工作获取电子数据的源头，包括数据采集和数据管理两部分内容。实现对铁路公司财务系统和业务系统的数据采集和审计系统数据的管理。

6. 系统管理子系统

系统管理子系统是审计人员进行系统初始化的应用平台，在权限控制下，以系统管理员身份或经其授权的人员登录，对应用角色、系统用户、组织机构、基础信息、审批流程等业务信息进行配置。包括基础设置、权限设置、系统设置等内容,可以完成对审计管理信息系统各项系统参数的设置工作。

通过一年多的试用、调试、升级,该系统已经能够胜任基层内部审计工作需要,审计全过程基本实现信息化管理,提高了审计管理水平与审计技术手段,内部审计工作迈上新的台阶。

第三章　常用的审计方法

审计方法一般是指审计人员为了行使审计职能、完成审计任务、达到审计目标所采取的方式、手段和技术的总称。审计方法贯穿于整个审计工作过程,而不只存在于某一审计阶段或某几个环节。审计工作从制定审计计划开始,直至出具审计报告、意见书、依法做出审计决定和最终建立审计档案,都会运用审计方法。

第一节　审计一般方法

关于审计方法概念的表达,大致有两种不同的观点:一种是狭义的审计方法,即认为审计方法是审计人员为取得充分有效审计证据,实现审计目的而采取的一切技术手段;另一种是广义的审计方法,即认为审计方法不应只是用来收集审计证据的技术,而应将整个审计过程中所运用的各种方式、方法、手段、技术都包括在审计方法的范畴之内。

一、审计方法的演进

随着审计实践的丰富与审计理论的发展,审计方法也经历了由简单到复杂、由低级到高级、由个别到群体的漫长的历史演变,逐渐形成有系统的方法体系。从系统论的观点看,审计方法体系是指为了完成审计任务,实现审计目标,由一组相互关联的审计方法共同构成的一个有机的整体。对于这个整体,有人认为它只包括能搜集审计证据的各种技术,也有人认为它包括整个审计过程中所使用的各种方法。一般认为后一种看法是正确的,因为要想完成审计任务,实现审计目标,仅仅依靠搜集审计证据是不够的,还要运用规划的方法以科学地确定目标,组织证实目标;还要运用记录、评价、报告的方法来反映、衡量反馈目标被证实的过程与结果;同时还要运用各种管理手段控制审计过程、审计效率和质量,否则就很难取得满意的效果。

1. 审计方法演进的过程

随着社会经济的发展,社会对审计的需求增加,人们对审计的要求越来越高,广大审计工作者不得不认真总结经验、寻求科学的方法,努力提高审计质量以满足社会的需要。在漫长的历史发展过程中,通过不断地借鉴、吸收与创新,审计方法走出了自己的一条发展道路。

(1)从单项详查到系统抽查。

审计方法从单项详查演变到系统抽查,反映出审计指导思想的变化,经历了详细检查、一般抽查、依赖控制测试等三个阶段。

最初的审计,主要采用精细的手段,对被审计资料进行逐项的审查,借以揭露会计资料中存在的错误和弊端。由于早期审计目标单一、任务不重、经验不足,进行详细的资料与资料核对、资料与事实核对,是完全可能和必要的。但随着审计范围的扩大、任务的增加,这种低效率的审计已无法满足广大客户对审计的要求。审计组织与审计人员必须寻求新的审计方法,以提高工作效率,缓解供需矛盾。伴随着企业管理水平的提高和审计经验的积累,抽样审计应运而生。最初的抽查方法,只是当作减少审计工作量的一种权宜之计,随着抽样经验的丰富,人们创造了判断抽样的方法。审计人员凭自己的经验,通过观察与判断,在大量的资料中只抽取有问题或者有可能产生问题的资料进行详查,对其他资料只做一般查阅。这样一方面减少了审计的盲目性,有利于查明主要问题,另一方面又节约了审计时间,有利于提高审计效率与拓宽审计的范围。随着现代企业管理水平的提高与现代科学技术在管理中的普遍应用,为了避免判断抽样所造成的审计风险,审计人员又采用随机抽样方法,通过科学计算抽取样本和预测,控制抽样风险。运用概率论与数理统计的原理进行随机抽样,从理论上讲十分科学,但却避免不了被抽中的样本出现偏倚,或者被抽中的样本都出现问题,或者有问题样本未被抽中等问题,这样样本的性质很难反映出总体的性质,而失去代表性。

在长期的单项详查与一般抽查的过程中,当发现许多错误重复出现时,逐渐认识到是不是管理系统与管理制度上出现了问题。如果是整个控制系统有问题,理应从制度、系统查起,必要时,可建议改变制度及系统的控制。于是,审计就从单项详查与一般抽查,发展到在经营管理、决策、制度等方面进行比较全面的检查,从而产生了全面审计的指导思想。20世纪中叶,西方国家审计界普遍认为对内部控制的评价是决定抽样技术是否成功的先决条件。原有的审计模式被改变为:首先对内部控制制度进行健全性与符合性测试,然后在对内部控制制度的评价基础上对被审计单位的业务内容进行实质性的测试。在审计报告与结论中,应写进存在的错误、造成错误的原因、纠正错误的措施和建议等内容,以促进被审计单位改善经营管理。

在依赖内部控制制度审计的基础上,现在又出现了一种以风险为导向的审计模式。这种审计模式要求审计人员重视对企业环境和企业经营进行全面的风险分析,并以此为出发点,制定审计战略,制定与企业状况相适应的多样化审计计划,以达到审计工作的效率性和效果性。风险导向审计是迎合高风险社会的产物,是现代审计方法的最新发展。

风险导向审计模式是对制度导向审计的发展,代表了现代审计方法发展的最高趋势。它强调审计战略,要求制定适合被审计单位的审计计划,要求不仅应检查与会计制度有关的因素,而且应检查被审计单位内外的各种环境因素,不仅应进行与会计事项有关的个别风险分析,而且应进行涉及各种环境因素的综合风险分析。再者,与制度导向审计模式强调内部控制制度与审计测试之间的关系不同,风险导向审计模式要求从固有风险、控制风险、检查风险和分析性检查这一更广范围的角度，来考虑审计测试。

(2)从单一听审技术到综合检查技术。

审计在技术方法发展过程中，还经历了听审报告、会计检查和综合检查三个阶段。听审报告始于我国西周的“上计”制度和西方早期的议会“听”审制度，均由具有丰富经验的听证人在一定形式的会议上听取汇报，并通过辩论，澄清问题，做出裁决。这种听审技术，是早期审计的唯一的技术，实质上是针对审查报告而采用的技术。随着生产力的发展，经济活动日趋复杂，记录经济活动的会计工作也越来越繁杂，虽然在会计工作中运用了复式记账的方法，但在大量的会计资料中不可避免地会出现差错和舞弊。为了减少差错，需要对会计工作进行检查，因此产生了复核、查对、审阅、分析等多种检查技术。当独立的审计人员介入了对会计资料的审查，自然会使会计检查的各种方法技术进入审计工作领域，这就使审计方法进入了第二个阶段。由于现代的审计活动依然以审查会计资料及会计工作为主，因此查账技术一直是审计的基本技术。

随着社会经济管理活动的发展和加强，审计工作逐渐超出了原有的财务会计范围，介入了生产经营管理活动的范畴。审计人员不仅要检查和纠正财务会计工作中的差错和舞弊，而且要检查和纠正生产管理中的差错和舞弊，并促进管理效率与管理效益的提高。显然这时的审计人员仅凭查账技术已不能满足经营管理审计的需要，必须借鉴和吸收现代经营管理技术来武装自己，综合运用查账技术与管理技术，把经济活动分析方法、工程分析方法、数学分析等与原来的查账技术融合在一起，以适应审计范围扩大的需要。这就促使了审计技术方法发展到第三阶段。

(3)从手工审计到信息技术审计。

审计操作手段现在正由手工阶段向信息技术审计方面发展。由于现代科学技术的进步，电子计算机在信息处理系统中得到了普遍应用，无论是会计信息还是其他各种管理信息，其处理和储存方法都起了根本的变化，如仍以手工进行审计，显然是力不能及。因此，电子计算机审计将会成为执行审计职能的一种工具，即通过运用专用或通用的审计软件来检查有关信息资料及其反映的经济活动，通过计算机收集审计证据，进行分析判断，提供审计结论与决定依据。这样不仅有利于减轻审计人员的负担，提高审计效率，同时也可以减少人为的差错，促进审计的质量。

所以说，审计方法不是一成不变的，它随着科学技术的进步、社会经济的发展以及审计事业的发展，由简单到复杂、从低级到高级、由单一到系统，不断进步、不断完善，最终形成科学完整的体系。

2. 审计方法演进的动因

审计方法的历史演进有其内在动因。概括来讲，就是基于提高审计效率与质量、规避审计风险和责任、满足所有权监督的需要及其所形成的相互制约关系。审计人员要在审计效率、质量、风险、责任之间不断进行权衡，选择既能提高审计效率和质量，又能规避审计风险与责任，从而实现审计目标。正是这种综合影响，才促进了审计方法不断从简单向复杂、从随意向规范、从单一向系统等方向发展和演进。

(1)基于提高审计效率和质量的需要。

基于提高审计效率和质量的需要是审计方法演进的基本动因。社会的进步、经济的发展导致了庞杂的审计业务与有限的审计资源之间的矛盾日益尖锐，对被审计业务进行全面详细的审查已不能适应审计事业发展的要求。

审计方法逐渐演进体现出审计实质性测试工作的性质、时间和范围的变化、选择与转移的动态过程。这种情况下，传统的审计质量观正在为新的相对质量观所替代。所谓相对质量观，一般是指依据一定的参照物来决定审计工作的质量要求和水平高低，而不是以审计结论的可靠和精确来作为判定审计质量高低的标准。审计人员为了以较少的资源耗费取得较好的审计结果,就无法实施全面细致的审查,而代之以抽样审计,运用逆查法,按照系统导向审计以至风险导向审计思路等。于是,审计方法便不断演进与发展。

审计效率和审计质量是相互联系、相互制约的两个方面,一个方面的改善对另一方面可能形成正面影响,也可能形成负面影响。两方面影响需要求得一种最佳平衡状态,这种平衡状态又会进一步促进审计方法的演进和发展。

(2)基于规避审计风险和责任的需要。

审计风险是审计组织和人员在审计过程中,受主体、客体和环境等多方面因素影响而形成的致使审计意见和结论与客观实际不符的可能性。其中主体因素主要是审计主体不当或过失行为,客体因素主要是被审计单位的经营、决策失误和造假违规行为,环境因素主要是政治经济环境因素、法律环境因素以及竞争日益激烈的市场环境因素等。审计风险随着审计科学的不断发展和完善而不断变化着,具有客观性、普遍性和潜在性等特点,其基本规律是风险逐步增加和复杂化,但又是可以加以控制和规避的。审计人员只有将风险降低到可接受的水平,才能使得出的审计结论、表述的审计意见有较大的把握。在这种情况下,要求所运用的审计方法能够满足审计人员控制和防范审计风险的需要,审计方法必然通过不断演进而逐步科学与可行。

狭义的审计责任一般指审计作为一种独立的经济监督形式,其行为主体即审计机构和审计人员对审计委托者及其他各方应承担的责任;从广义上讲,审计责任则是审计者、审计委托者、被审计者及有联系的各方在审计活动中所形成的相互责任关系,也就是说,承担审计责任的不单是审计机构和审计人员,还包括审计委托者、被审计者以及与审计活动相关的利益者。

审计责任通常是指狭义上的审计责任。审计责任与审计风险有着内在联系。审计责任决定于审计风险的大小,审计风险越大,对审计机构和审计人员所承担的责任就越大。一般来说，审计机构和审计人员要对其审计活动中相关行为及其结果承担法律责任，这是一种无形的、持续的、发挥着规范审计行为的积极作用。但是，就某一具体审计责任的承担和落实，需要以审计活动中发生质量与责任纠纷为前提，以审计人员在审计活动中确实存在失误或舞弊行为为事实依据，且要有真实、充分的证据予以证实。这样，审计人员对于审计责任则有一个规避问题，即对于具体审计质量纠纷，若有责任需要也必须承担，但若没有责任则不应承担。

与效率和质量的关系一样，风险与责任之间也是相互联系、相互制约的密切关系，二者通过这种关系求得一种动态平衡，并形成促使审计方法不断演进的一种动因。

(3)基于满足所有权监督的需要。

20 世纪 80 年代，我国恢复审计监督制度以后，对于审计产生与发展的客观基础问题，出现了基于监督会计的需要和基于经济监督的需要的观点。后来，很多学者从委托受托责任关系的角度进行论证，认为审计产生于维系或解除委托受托责任关系的需要。两权分离后便形成了委托受托责任关系，出现了所有权监督和经管权监督，在维系或解除委托受托责任关系时，审计更多的是从维护所有者利益的角度出发，可以说，审计产生和发展于所有权监督的需要。两权分离后，所有者将财产交托给经营者经营，其关心的是经营者是否保管和经营好其财产，使其财产保值增值。因此，所有者需用委托或委派审计进行监督。审计机构和审计人员为了完成所接受委托的经济监督任务，则采取相应的审计程序与方法。当被审计单位的会计资料及其所反映的经济活动较为简单，所接受的审计监督任务较为容易完成的时候，审计人员所采取的审计方法自然就比较单一和片面；相反，当被审计单位的会计资料及其所反映的经济活动较为复杂、所接受的审计监督任务较难完成的时候，审计人员所采取的审计方法自然就比较系统和完善。随着经济社会的发展，经济活动是逐步复杂化的，这样，审计方法就不断向系统化和规范化演进。

综上所述，审计方法的演进体现了提高审计效率和质量、规避审计风险和责任、满足所有权监督需要的内在动因。三个方面是互为一体的。

二、审计抽样

审计抽样是随着经济发展、被审计单位规模的扩大以及内部控制的不断健全与完善，而逐步被广泛应用的审计技术方法。科学地运用审计抽样方法，对提高审计效率、降低审计成本、防范审计风险具有重要的意义。

所谓审计抽样，是指审计人员在实施审计程序时，从审计对象总体中选取一定数量的样本进行测试，并根据测试结果，推断审计对象总体特征的一种方法。其特点有以下几个方面。

(1)抽样审计不同于详细审计。详细审计是指百分百地审计对象总体中的全部项目，并根据审计结果形成审计意见。而抽样审计是从审计对象总体根据统计原理选取部分样本进行审计，并根据样本推断总体并发表审计意见。

(2)审计抽样不能等同于抽查。抽查作为一种技术，可以用于审前调查、确定审计重点、取得审计证据，在使用中无严格要求。而审计抽样作为一种审计方法，需运用统计原理，并严格按规定的程序和抽样方法的要求实施。

(3)抽样审计一般可用于逆查、顺查、函证等审计程序，也可用于符合性测试和实质性测试；但审计人员在进行询问、观察、分析性复核时则不宜运用审计抽样。

三、分析性复核

分析性复核是审计人员在审计工作中需要运用的重要程序和方法，在整个审计过程中占用重要的地位。审计人员在审计过程中往往需要运用分析性复核来规划审计工作，获取审计证据，并协作形成审计结论。

分析性复核是审计人员对被审计单位有关数据进行比较和分析,包括对重要的金额、比率或趋势等进行比较和分析,并对异常项目和异常变动予以重点关注和调查。常用的方法有比较分析法、比率分析法和趋势分析法。

(1)比较分析法。比较分析法是通过某一财务报表项目与其既定标准的比较,以获取有关审计证据的一种技术方法。它包括本期实际数与计划数、预算数或审计人员的计算结果之间的比较,本期实际数与同业标准之间的比较等。

(2)比率分析法。比率分析法是通过对财务报表中的某一项目同其相关的某一项目相比所得的值进行分析,以获取实际证据的一种审计方法。

(3)趋势分析法。趋势分析法是通过对连续若干期某一财务报表项目的变动金额及其百分比的计算,分析该项目的增减变动方向和幅度,以获取有关审计证据的一种技术方法。

四、逆查法和顺查法

1. 逆查法

逆查法就是按照经济活动进行的相反顺序,从终点查到起点的审计方法。在财务收支审计中,它就是按照会计核算程序的相反次序,先审查会计报表,从中发现错弊和问题,然后有针对性地依次审查和分析报表、账簿和凭证。

这种方法的主要优点是从大处着手,审计面较宽,审查的重点和目的比较明确易于查清主要问题,审计功效较高;不足之处是着重审查分析报表,并据以重点逆查账目,可能遗漏或疏忽某些更重要的问题,难以揭露错弊。而且逆查法难度较大,因此,对审计人员业务素质要求较高。

2. 顺查法

顺查法就是按照经济活动发生的先后顺序,依次从起点查到终点的审计方法。对会计资料的审查就按照会计核算程序的先后顺序,依次审核和分析凭证、账簿和报表。具体做法是:首先审查原始凭证及记账凭证,然后进一步结合凭证查账簿,最后根据会计账簿审阅会计报表。

这种方法的主要优点是简便易行,由于它按记账程序逐一地、仔细地核对,审计内容详细,一般说来账务上的错误和弊端可以毫无遗漏,审计结果较为可靠。缺点是事无大小都同等对待,往往把握不住重点和主次方向,且着重对证、账、表的机械核对,费时费力,可能因小失大,因此一般适用于对规模较小,业务不多的单位审计时采用。

逆查法和顺查法各有侧重、各有利弊,为发挥审计的效用,实际中常将两种方法结合运用。即采用逆查法时,对于需要了解的部分,不妨局部兼用顺查法详细查核;采用顺查法时,对于重要事项也可兼用逆查法,以免遗漏。

各种审计方法熟练运用,可以节省审计时间,提高审计效率,更好地完成审计任务。

第二节　审计取证方法

审计取证一般是指审计机构和审计人员围绕审计目标收集审计证据的过程。它是整个审计实施过程中的重要一环,是形成审计结论的基础,是审计认定事实、做出定性和处理处罚的依据。从某种意义上说,审计工作就是围绕审计取证来开展的,通过收集、整理、分析、评价审计证据,从而得出客观、公正的审计结论。没有充分有效的审计证据作为支持,审计披露的事实和做出的审计结论就会是无源之水、无本之木,形成审计风险。特别是在当前审计公告制度逐步推行的情况下,审计风险逐渐增大。因此,加强审计机构和审计人员的依法取证工作,提高审计取证的风险意识,是提升审计质量,应对审计风险的必然要求。

审计工作是在一定审计理论指导下方法与实践的结合,而合理运用审计取证方法是做好审计工作的关键。从审计工作的整体来看,审计过程最重要的是取证过程,它是审计机构和审计人员根据既定的审计计划和审计目标,运用一定的程序和手段搜集、筛选、整理和综合、分析审计证据,从而得出审计结论的工作过程。因此,审计取证是整个审计过程的中心环节。

坚持联系和发展的观点,注重在实际工作中运用联系和发展的眼光看待认识问题,不断改进工作方法,解决实际问题,对于审计工作来说至关重要。应不断总结经济活动中的规律,查找问题,挖掘问题根源,从而解决问题。

审计取证一般方法是指检查、监盘、观察、查询、函证、计算等方法。之所以将其定义为审计取证的一般方法,主要基于如下几点考虑。

第一,这几种方法是审计人员最为常用的、直接收集审计证据的方法,适用于各种审计类型。不仅适用于财政财务收支审计,而且适用于效益审计;不仅适用于日常审计,而且适用于专项审计调查。

第二,这几种方法可适用于审计程序的各个阶段,主要适用于审计实施阶段取得审计证据。

第三,分析性复核审计取证方法的使用需要一定的前提条件,作为分析性复核的对象和依据之间必须存在可预期的依存关系,且分析性复核难以得到精确的结论,多数情况下只能为其他审计程序的安排和获取的其他审计证据提供佐证,不宜仅作为审计取证的一般方法加以阐述。

第四,其他审计技术方法(包括重要性水平确定、审计抽样、内部控制测评和审计风险评估)更多的是为审计人员合理、科学地运用专业判断,获取审计证据提供支持和服务,其使用条件受审计环境的影响较大。其他审计技术方法主要涉及审计的模式与程序,一般用于确定实质性测试的范围和重点;在实质性测试阶段仍然要运用审计取证的一般方法获取审计证据。因此,尽管其他审计技术方法与审计证据收集工作紧密相关,但在审计实施阶段一般不直接用于收集审计证据。

1. 检查

检查是审计人员对被审计单位的会计资料和其他书面文件的审阅与复核。

(1)适用对象与条件。

检查的适用对象主要是会计凭证、会计账簿、会计报表等会计资料和计划、预算、会议记录和各种规章等其他有关资料。

检查是审计人员实施审计、采集审计证据的最基本的技术方法。一般情况下,检查的方法多适用于对书面资料的审计。通过检查取得的审计证据多为书面证据。

(2)实施步骤与要点。

按照检查过程中具体运用技术的不同,检查又可分为审阅与复核。

①审阅。

审阅是指审计人员审查和翻阅会计凭证、账簿和报表,以及计划、决策方案、合同、会议记录等书面资料,借以查明书面资料及其反映的经济活动的真实性、合规性,从中发现错弊或疑点,并收集审计证据的方法。它广泛应用于财政财务收支的合规性审计和财务会计报表的真实性审计中。

a. 对原始凭证的审阅。对原始凭证的审阅主要是审阅原始凭证的格式和内容。

审阅原始凭证的格式,主要是审阅原始凭证的各要素(抬头、日期、填制单位、品名、规格、数量、单价、金额等)是否齐全、真实、规范。重点关注:原始凭证的编号是否连续;是否加盖填制单位的公章或注明其名称、地址;是否有经手人和业务负责人的签字;摘要栏的字迹是否清楚,计算是否正确,有无刮擦、涂改或伪造的痕迹等。

审阅原始凭证的内容,主要是以法律、法规、政策和制度等作为审计标准,审阅原始凭证所反映的经济业务是否真实、合法合规。重点关注:经济业务是否符合被审计单位的实际情况;是否符合有关法律法规的具体规定;入账时是否经过了必要的审批程序,符合有关会计制度、会计准则的规定。

b. 对记账凭证的审阅。对记账凭证的审阅与审阅原始凭证的要求基本相同,主要是审阅记账凭证的格式和内容。

审阅记账凭证的格式主要是审阅记账凭证的各要素(抬头、日期、填制人员、摘要、借贷方向、金额、记账凭证编号等)是否齐全、真实、规范。

审阅记账凭证的内容主要有:审阅记账凭证是否附有合法的、具有足够证明力的原始凭证;所附原始凭证的张数与记录数量、摘要内容是否一致,有无以自制原始凭证替代外来原始凭证、以复印件替代原始凭证的情况;记账凭证的记载是否符合会计制度的规定,所记账户和会计分录是否正确,有无错用账户或记错方向,或利用会计处理弄虚作假等舞弊行为。

c. 对会计账簿的审阅。对会计账簿的审阅主要包括对会计账簿格式的审阅和对会计账簿内容的审阅两个方面。

对会计账簿格式的审阅主要是指审阅会计账簿反映的各项记录登记是否规范和完备。业务摘要、对应科目是否齐全;是否按照规定的方法更正记账错误,有无刮擦、涂改等痕迹;会计账簿的启用手续、使用记录和交接记录是否完整合规。

对会计账簿内容的审阅主要是指审阅会计账簿记录反映的内容是否真实、合法。账户对应关系是否与记账凭证(科目汇总表)一致,是否符合会计制度的要求;明细记录的内容是否与记账凭证一致,有无错误舞弊。

需要说明的是,由于日记账、明细账、辅助台账、会计备查簿等会计账簿的记录较为详细,通过审阅能够且易于发现问题,特别是检查现金收支、结算业务、债权债务和各种费用支出明细账时，更适宜采用审阅检查。而总分类账等会计账簿由于记录不详细，用审阅检查的意义不大。

d. 对会计报表的审阅。对会计报表的审阅主要包括对会计报表格式的审阅和对会计报表内容的审阅两个方面。

对会计报表格式的审阅主要包括：审阅会计报表是否按照会计制度和其他财务制度规定的要求编制；编制手续是否完备，有无编制人员和审核人员的签章。

对会计报表内容的审阅主要包括：审阅报表项目是否完整；各相关项目的对应和勾稽关系是否正确，相关数据是否一致，有无异常变化情况；会计报表是否平衡；报表说明或附注是否对应予揭示的重大问题做了充分披露。

对会计报表的审阅是审计实施阶段一项非常重要而又复杂的工作。在会计报表审阅过程中，审计人员应履行必要的审阅程序，保持应有的职业谨慎，获取充分、适当的证据，以发现可能存在的导致会计报表发生重大错报的情况。

一般情况下，对会计报表的审阅程序主要包括以下环节：了解被审计单位及其行业的情况；审阅被审计单位采用的会计准则、会计制度及行业惯例；了解被审计单位的会计系统，特别是确认、计量、记录和报告等环节的程序和具体执行情况；审阅、查询会计报表中所有重要的认定；分析、发现异常报表项目、异常报表对应关系；审阅会计报表是否遵循了所指明的编制依据或基础；获取并审阅被审计单位的承诺，被审计单位重大的、可能对会计报表编制产生影响的会议、决定的纪要；就会计报表审阅检查中发现的疑问查询被审计单位的有关人员。

审计人员审阅会计报表应保持的必要的职业谨慎主要是指：审计人员如果认为会计报表可能存在重大错报，应继续实施支持这一结论的必要的审计程序；审计人员应当关注可能引起本期会计报表调整、披露的期后事项。

审计实践中,审计人员审阅的会计报表在很多情况下是较为复杂的合并会计报表。较之对一般会计报表的审阅,审计人员对合并会计报表的审阅要重点关注以下几个方面的内容:在审阅合并会计报表各成员单位的个别会计报表的基础上,对被审计单位合并报表的底稿、抵销分录和其他合并资料进行审阅和分析;对被审计单位合并范围的披露情况进行审阅;对合并会计报表各成员单位的会计报表决算日、会计期间的一致性进行审阅;对合并会计报表各成员单位采用的会计制度、会计政策的一致性进行审阅;对合并会计报表各成员单位的长期投资及收益确认进行审阅;对合并会计报表各成员单位的收入、支出等关联交易进行审阅;对合并会计报表中的外币折算业务的方法和结果进行审阅;对合并会计报表中的少数股东权益和收益进行审阅。

e. 对其他书面资料的审阅。对其他书面资料的审阅主要是通过审阅被审计单位的计划、预算资料、合同资料、内部控制制度和其他有关资料来进一步收集审计证据,同时验证经济业务的真实性、合法性。对其他书面资料的审阅重点是关注其来源是否可靠、数据计算是否正确、业务内容是否合法等。实际工作中,对其他书面资料的审阅与对会计资料审阅应相辅相成进行。

②复核。

复核是指审计人员对被审计单位的会计凭证、账簿、报表等会计资料及其他书面资料之间的有关数据,按照其内在联系进行相互对照、复核检查,获取审计证据的方法。

a. 证证复核。证证复核主要是指各原始凭证、原始凭证与记账凭证、记账凭证与汇总记账凭证(科目汇总表)等会计凭证之间的复核对照。

重点关注:各原始凭证上记载的数量、单价、金额和合计数是否相符;记账凭证与其所附原始凭证是否相符,原始凭证的合计数与记账凭证的合计数是否相符；记账凭证按日期、科目将有关数量、金额相加后与汇总记账凭证（科目汇总表）的有关数据是否一致。

b. 账证复核。账证复核主要是指记账凭证与会计账簿之间的复核对照。

重点关注：记账凭证与明细账（日记账）之间的复核对照；记账凭证是否全部过入有关明细账，两者的日期、摘要、金额是否相符；是否按照记账凭证上的会计科目和借贷方向过入有关账户。

c. 账账复核。账账复核主要是指明细账、日记账与总分类账之间的复核对照。一方面，账账复核可以按照账簿记录的对应关系来复核对照。

重点关注：各明细账账户的余额合计数与总分类账中有关账户的余额是否相符，明细账上的本期发生额是否与总分类账发生额相符；总分类账各账户的期初余额、本期发生额和期末余额的计算是否正确；各总分类账账户的借方余额合计数与贷方余额合计数是否相符。另一方面，账账复核也可以按照账簿的相互关系来复核对照，主要是依据账户反映的经济业务活动存在的内在联系来进行复核对照。

d. 账表复核。账表复核主要是指会计报表有关项目与总分类账户和明细分类账户之间的复核对照。复核的会计报表主要是资产负债表、利润表和现金流量表。

重点关注：会计报表项目的金额是否与有关总分类账、明细分类账的余额相符，如累计折旧总分类账余额与资产负债表上累计折旧项目金额是否一致；会计报表项目的数字计算是否正确。由于会计报表项目与总分类账科目并非一一对应，有相当一部分会计报表项目的金额来自于总分类账、明细分类账的计算结果。如资产负债表上的存货项目就是根据“原材料”“材料成本差异”“在产品”“低值易耗品”等会计账户的余额计算而来。

e. 表表复核。表表复核主要是指不同会计报表的报表项目之间的核对。

重点关注：资产负债表、利润表和现金流量表之间，利润表与利润分配表、主营业务收支明细表之间的相关报表项目、数字之间是否相符。如资产负债表上的"未分配利润"项目金额应与利润分配表上"未分配利润"项目金额一致。

f. 账实复核。账实复核主要是核对账簿、实物资产卡片上所反映的实物余额是否与反映实物监盘结果的书面资料相符。账实复核通常需配合使用监盘的审计取证一般方法。通常是用反映监盘结果的实物盘点表与有关账簿、卡片之间进行复核，或是用银行对账单、客户往来清单等外来证据与本单位有关账项之间进行复核。

审计人员复核书面资料时，为避免重复和遗漏，使复核工作井然有序，可以使用一些符号进行标记，也可以由两名审计人员合作进行，提高效率。

需要强调的是，在实际工作中，审计人员对书面资料的检查通常是审阅与复核同时结合运用的。对规模较小、业务数量不多的被审计单位，或进行贪污舞弊案件的专案审计时，审计人员常常以账务处理程序为主线，依次检查会计凭证、会计账簿、会计报表和其他书面资料，即通常所说的"顺查法"。对规模较大、业务数量较多的被审计单位进行审计时，审计人员常常以账务处理的相反程序为主线，依次检查会计报表、会计账簿、会计凭证和其他书面资料，即通常所说的"逆查法"。

2. 监盘

监盘是审计人员现场监督被审计单位各种实物资产及现金、有价证券等的盘点，并进行适当的抽查。

(1)适用对象与条件。

监盘主要适用于审计人员对实物资产、现金和有价证券进行的审计。采用监盘方法是为了确定被审计单位实物形态资产是否真实存在，并与账面数量相等，有无账外、短缺、毁损及贪污、盗窃等问题存在，有无在会计报表中进行充分披露。对一个被审计单位而言，如果其实物资产(包括原材料、低值易耗品、委托加工材料、包装物、半成品、在产品、外购部件和产成品、现金或有价证券等)在其财务报表的流动资产中占有较大比重,或内部控制测评认为控制风险较高时,审计人员可以利用其专业判断决定是否需要进行监盘。通常情况下,运用监盘获取的多为实物证据。

(2)监盘的实现方式。

审计人员实施监盘时,主要采取两种方式:一是监督盘点。审计人员不亲自盘点,而是由被审计单位有关人员盘点,审计人员监督盘点的全过程。这种方式常用于盘点数量较大的实物,如厂房、机器设备、大宗原材料、在产品和产成品等。二是抽查盘点。审计人员亲临现场,对被审计单位的盘点结果进行一定规模的抽查。抽查时,审计人员可以要求被审计单位有关人员协同执行。

根据审计情况需要,审计人员还可能对某些实物进行全面盘点。抽查盘点方式常用于盘点数量不多,但容易出现舞弊行为的贵重财产、物资,如有价证券和贵重物品等。抽查盘点时,审计人员一般采取不预先告知有关被审计单位盘点时间、盘点决定,采取突击盘点的方式直接进行,以防止有关人员在盘点前对舞弊行为进行掩饰。

(3)监盘采用的具体方法。

审计人员进行实物监盘时,主要通过实物清点、实物计价、账实核对、实物技术鉴定等具体方法来实现:实物清点是指对各种有形实物资产的数量清点,目标是确定监盘现场的实物数量;实物计价是指对某些资产的可变现价值进行估计,目标是确定资产估价的基础;账实核对是指将各种实物资产的清点结果与被审计单位账面记录、会计报表进行对照复核检查,目标是确定资产的实物数量、计价和所有权是否在账面得到反映,是否账实相符,是否在会计报表中得到充分披露。这一过程通常和审计取证一般方法中的复核检查一同进行;实物技术鉴定是指由专家对各种实物资产的技术指标进行鉴别分析，目标是确定实物资产的品质和质量，并用于评估其价值。

(4)实施步骤与要点。

实际审计工作中，审计人员多采用监督盘点的实现方式，完成监盘任务。

审计人员抽查盘点的情况下，由于采取一般不预先告知的方式进行，步骤有所简略。这里介绍的实施步骤主要适用于监督盘点的情况。

①编制监盘计划。

审计人员应当根据被审计单位实物资产的特点、有关内部控制制度、实物资产盘点制度等情况，在审阅评价被审计单位提出的实物资产盘点计划的基础上，编制监盘计划。监盘计划的主要内容包括：监盘的目标、范围及时间安排；监盘的要点及关注事项；参加监盘人员的分工；抽查盘点的范围。

编制监盘计划过程中，审计人员应关注下列情况：需要盘点的实物资产的内容、性质、存放场所和重要程度；与实物资产相关的内部控制制度和会计核算；利用与实物资产相关的审计风险评估结果；利用以前年度的实物资产监盘工作底稿；确定进行实地监盘的实物资产的存放场所，特别是金额较大或者性质特殊的实物资产；确定是否利用外部专家的工作。

②协商、调整监盘计划。

审计人员根据监盘计划，与被审计单位主管部门或实物资产管理部门就监盘计划的实施进行协商，根据协商意见，审计人员适当调整监盘计划，被审计调整实物资产盘点计划。

这一过程中，审计人员应与被审计单位主要协商下列情况：盘点时间的安排；盘点范围和实物资产存放地点；盘点人员的分工与胜任能力；实物资产的整理与排列，毁损、陈旧、变质、残次及所有权不属于被审计单位的标明；计量工具和计量方法；在产品完工程度的确认；存货收发截止的控制；盘点期间存货移动的控制；盘点表单的设计、使用与控制;盘点结果的汇总、认证以及盘盈盘亏的分析、调查与处理。

③实施监盘计划。

这一步骤主要是指审计人员根据监盘计划,按照既定的时间、范围进行监督盘点。

在这一过程中,审计人员应关注以下情况:开始盘点前,应观察盘点现场,确认应纳入盘点范围的实物资产是否已经适当整理和排列,并附有盘点标识,防止遗漏或重复盘点;实施监盘时,应观察被审计单位盘点人员是否遵守盘点计划并准确记录实物资产的数量和状况;观察实物资产的移动情况,防止遗漏或重复盘点;观察实物资产状况,观察盘点人员是否已经恰当区分所有毁损、陈旧、变质及残次的存货和合格存货的情况;获取盘点日前后的实物资产收发和移动凭证,检查库存记录与会计报表;截止日是否正确。

审计人员对盘点结果的抽查应从两方面进行。一方面,从盘点记录中选取项目追查至实物资产,测试盘点记录的准确性;另一方面,从实物资产中选出部分项目追查至盘点记录,测试盘点记录的完整性。如果抽查时发现差异,审计人员应当查明原因,要求被审计单位更正。如果差异较大,审计人员应扩大抽查范围或要求被审计单位重新盘点;在被审计单位实物资产盘点结束前,审计人员要再次观察盘点现场,以确定所有应纳入盘点范围的实物资产均已盘点;同时取得并检查已填用、作废或未使用盘点表单,确定已发放的表单是否均已收回。

④监盘过程中特殊情况的处理和结果利用。

如果由于被审计单位实物资产的性质或存放场所等原因导致无法实施监盘,审计人员应当考虑能否实施替代审计程序。审计人员实施的替代审计程序。主要包括:检查进货交易凭证或生产记录以及其他相关资料;检查资产负债表日后发生的销货交易凭证;向有关单位发函进行函证。

对被审计单位委托其他单位保管的或已经作为抵押的实物资产,审计人员应向保管人或债权人进行函证。如果此类实物资产占流动资产或总资产的比例较大,审计人员应当考虑实施现场监盘。

对性质特殊的存货项目,审计人员应考虑是否聘请专业人员确定存货的数量和质量。如对在产品进行盘点时,审计人员应注意向技术人员或生产人员了解和询问在产品的完工程度和企业相关在产品确认政策,进而确定对存货成本的影响。

监盘结果的利用主要是指审计人员应当复核盘点结果汇总记录,评估其是否正确地反映了实际盘点结果,形成初步审计结论。如果盘点日不是资产负债表日,审计人员应采取适当的审计程序,确定盘点日与资产负债表日之间,实物资产的变动是否已经做了正确记录。

在永续盘存制下,如果永续盘存记录与实物资产盘点结果之间出现重大差异,审计人员应当实施追加审计程序,查明原因,并检查永续盘存记录是否已做了适当的调整。

3. 观察

观察是审计人员对被审计单位的经营场所、实物资产和有关业务活动及其内部控制的执行情况等所进行的实地察看。观察是审计人员利用其视觉功能检查行为结果和实物资产存在、运行的状况,取得第一手审计资料作为审计证据,来证实审计事项。

审计人员观察的目的是确定有关行为符合相关的规章制度、内部控制制度要求的程度;关注实物资产的数量、质量状况。

(1)适用对象与条件。

观察主要适用于审计人员对实物和有形资产进行的审计,或进行内部控制测评。通常情况下,审计人员通过观察取得的多为实物证据、视听证据,或用书面记录的行为证据。

审计人员在进行财政财务收支的合规性审计和效益审计时,一般广泛运用观察的取证方法。在审前调查阶段,用于了解被审计单位基本情况的审计取证；在审计实施期间，与监盘等审计取证方法联合使用，用于对被审计单位的经营场所等实物资产的审计取证。

(2)实施步骤与要点。

在实际审计工作中，审计人员应用观察取证时，主要包括如下步骤。

①确定观察对象和审计取证具体目标。

首先，审计人员要根据审计事项的具体目标，以及具体行为和实物资产的可观察性的特点，确定具体的观察对象，做到有的放矢。其次，根据审计事项的工作目标、来自被审计单位内部或外部的审计依据，以及需要观察事项对应的会计记录等，确定需要观察的具体对象的行为内涵、实物资产的状况和观察途径等，做到心中有数。

②实地进行观察。

审计人员要亲临被审计单位的车间、仓库、班组等经营场所的现场，对被审计单位内部控制的执行情况，实物资产的存放、保管和使用状况，工作人员的劳动态度和劳动效率等经营管理情况进行实地观察。观察被审计单位的经营活动是否真实、合法，是否能够得到客观公允的反映和记录；观察被审计单位工作人员的行为是否符合有关标准和规章制度，从中发现薄弱环节；观察实物资产的管理和使用状况。

(3)观察结果整理与确认。

审计人员一般根据观察的情况，采取书面方式，描述和记录观察过程和结果，由被审计单位加盖印章，作为确认后的审计证据。必要时，审计人员可视具体情况和要求，对被审计单位的经营场所或实物资产的现状，以及内部控制测评的现场进行摄影、录音或拍照，将所获得的视听资料作为审计证据。同时，审计人员应书面记录这些视听材料的来源、存放地点和主要内容，由被审计单位加盖印章，作为确认后的审计证据。

观察的审计取证方法可以单独使用，但通常是与监盘、查询等其他审计取证的一般方法结合起来使用。由于观察取得的审计证据具有较强的证明力,往往可以收到更好的效果。

4. 查询

查询是审计人员对与审计事项有关的单位或者个人进行的书面或者口头询问。

审计人员查询的目的有两个:一是验证通过其他审计取证一般方法取得的审计证据;二是获取被审计单位有关情况、被审计事项的新的有用线索。

(1)适用对象与条件。

查询主要适用于两种情况:一是审计人员在了解被审计单位经营情况、内部控制情况、会计核算和财务管理情况时采用;二是审计人员在审查或审计过程中产生疑点和问题时采用。

一般情况下,查询主要是现场审计时,在被审计单位内部进行。在上述第二种查询使用情况时,审计人员还可到被审计单位外部进行调查查询。查询更强调被查询对象的现场答复。通过查询,审计人员取得的多为书面证据或口头证据。

(2)实施步骤与要点。

实际工作中,审计人员需要查询的内容多种多样,在符合《中华人民共和国审计法》及其他法律法规规定的范围内,一般没有查询内容限制,但查询的实现方式主要有书面查询和口头查询两种。

①书面查询。

审计人员采用书面查询时的主要步骤是:

第一,确定查询内容,设计书面(或电子)查询文件。审计人员应在查询之前,对拟查询的经营情况、内部控制情况、财务和会计核算情况有较为深入的分析;对审计现场发现的问题疑点进行合理推测,将分析或推测的各种可能结果逐一罗列出来,并根据各种可能的结果确定查询内容,或设计书面(或电子)查询文件。书面(或电子)查询文件主要根据特定审计事项的工作目标进行设计,格式不要求统一,但每张查询表应根据需要反映被审计单位名称、审计的会计期间、调查项目、各种可能的结果、资料提供和复核人员、审计调查结论等内容。

第二,确定查询对象。查询表确定的查询对象(单位和个人)主要由被审计单位根据其内部职责分工确定,或由审计人员根据审计发现的疑点问题可能涉及的被审计单位内、外的单位和个人来确定。

第三实施查询。主要由审计人员按照查询表的内容,向查询对象发放查询表,由查询对象填写完成,或由审计人员逐项向查询对象询问,取得答复结果。

第四整理查询结果。审计人员对查询表进行整理、汇总,取得查询结果,作为支持了解被审计单位经营情况、佐证审计发现有关问题的审计证据。

②口头查询。

相对于书面查询方式,口头查询的方式更加直接、灵活。口头查询同样要求审计人员必须在查询工作实施前做好充分准备。就查询什么问题、找什么人查询、被查询人是否知情、如何进行查询等一系列问题做好考虑,并书面列出口头查询提纲。实施口头查询时,最好由两名审计人员协作进行,一名审计人员负责提问,另一名审计人员负责记录。

为保证审计证据的法律效力,通过口头查询取得的口头证据一般应转化为书面证据。转化的途径主要有两条:一是被查询对象在作口头答复时,由审计人员作记录,然后由被查询对象签字确认;二是直接要求被查询对象,根据口头查询的情况,现场做出书面答复。

需要强调的是,虽然通过查询可以从被审计单位得到相当多的审计证据,但这些证据带有被查询人的主观倾向,因此,其不能独立作为一种审计证据用来直接归纳审计结论。审计人员还需采用其他审计程序获得相关的足够信息来佐证查询结果,经综合分析和归纳后,才能得出审计结论。

5. 函证

函证是审计人员为证明被审计单位会计资料所载事项而向有关单位或者个人发函询证。函证要求与被审计单位有经济业务联系的第三方就函件所列经济业务和相关金额,确定被审计单位记录的正确性。从实质上讲,函证属于书面查询的一种。其特殊性在于用收发函的方式完成,所取得审计证据的证明力更强。

(1)适用对象与条件。

审计人员经常运用函证进行审计取证的事项主要包括:银行存款、应收账款、应收票据、短期投资、代销代存资产、应付账款、应付票据、财产担保、财产抵押、租赁资产、长期投资、债权和股票、重大或异常的交易等。

函证主要用于印证被审计单位应收、应付款项的发生额和余额,作为认证被审计单位债权债务的必要手段;用于验证被审计单位委托外单位保管的财物、存款借款的种类余额、实物资产的归属以及未决法律诉讼案件等。通过函证,审计人员取得的是书面证据。

(2)实施步骤与要点。

函证可以采取两种方式进行:一是积极函证(又称肯定式函证);二是消极函证(又称否定式函证)。积极函证要求被函询单位对函询事项无论与事实是否相符都给予复函。如无复函,一般要再次发函催询。积极函证的手续较为麻烦,主要运用于长期拖欠、金额较大、余额长期不变的审计事项,以及引起审计人员怀疑的审计事项。消极函证只要求被函询单位对函询事项有异议时才给予复函。如确认相符,被函询单位则不复函。如审计人员发函后经过一定时间未收到答复,则认为函证事项相符。消极函证主要适用于金额较小、情况正常的一般审计事项。消极函证的手续较为简单,但函询效果和所取得的审计证据证明力不如积极函证。

审计人员采用函证收集审计证据的实施步骤和要点有以下方面。

①函证决策。

在这一过程中，审计人员主要是决策两方面的问题：一是确定是否实施函证；二是确定函证的内容、范围、时间和方式。

确定是否实施函证。审计人员应充分考虑审计事项的重要性水平、有风险和控制风险的评估水平、实施替代审计程序获取的审计证据能否将审计风险降低至可接受的水平等因素，确定是否实施函证。

一般情况下，审计人员在进行财政财务收支的真实性、合法性审计时，应对上述函证适用对象进行函证。但在以下三种情况下，审计人员可以决定不进行函证：一是有充分的证据证明拟函证事项对会计报表的真实性和经济活动的合法性认定不重要；二是有充分的证据证明函证很可能是无效的；三是审计人员可以运用审计成本更低、审计效率更高的方式替代审计程序，获取充分、适当的审计证据。

②确定函证的内容、范围、时间和方式。

函证的内容主要是从函证适用范围内的审计事项中，根据是否实施函证的决策来确定。对往来账户的函证，询证函应当载明账户摘要、币种、金额、合同等有关信息；对或有负债的函证，询证函应载明或有负债的性质、交易日、币种和金额等有关信息；对有价证券的函证，询证函应载明项目摘要和权属等有关信息。

函证的范围既可以利用审计人员的专业判断，采取判断抽样确定函证样本，也可以采取统计抽样的方式选定足以代表总体的函证样本。但无论何种范围确定方式确定的函证样本均要包括：金额较大的项目、账龄较长的项目、交易频繁但期末余额较小的项目、重大关联交易、重大或异常的交易、可能存在争议或产生重大错误、舞弊的交易。

函证的时间一般以会计报表日期为截止日，并在会计报表日期后实施函证。如果审计风险评估的固有风险和控制风险为低水平时，审计人员可以选择会计报表日期前的某一日期作为函证截止日，但应对函证项目自截止日至会计报表日期发生的变化进行实质性测试。

确定函证的方式就是对采用积极函证还是采用消极函证做出决策。当同时存在以下情况时,为提高审计效率,审计人员可采取消极的函证方式:固有风险和控制风险评估为低水平;函证涉及大量较小的账户余额;预期不存在大量的错误;没有理由怀疑被询证者不认真对待函证。

③设计询证函。

审计人员设计询证函,主要考虑以下因素:函证的方式、以往审计的经验、拟函证信息的性质、选择被询证者的适当性以及被询证者易于回函的信息类型等。(一般内部审计均有统一固定的格式)

④实施函证。

为控制和确保函证取得的审计证据质量,无论采取何种函证方式,审计人员都要绝对控制,包括被询证者的选择、询证函的设计、发出、收回和结果整理实施函证的全过程。

实施函证过程中,审计人员可采取的控制措施有:将被询证者的名称、地址与被审计单位有关记录核对,以确保二者一致;将询证函中列示的账户余额或其他信息与被审计单位有关资料核对;询证函由审计部门直接发出,并在询证函中要求被询证单位将回函寄回审计部门;如果被审计单位以传真、电子邮件等方式回函,应由审计部门或审计人员直接回收,并请求被询证者寄回询证函原件。

如果有迹象表明收到的询证函不可靠,审计人员应实施必要的审计程序予以证实或消除疑虑。

⑤整理和分析函证结果。

在这一过程中,审计人员主要完成处理没有回函的情况,分析和处理函证结果。

一是处理没有收到回函的情况。

在采用积极函证方式时,如果未能收到对方的回函,应继续发函。对于多次发函仍不能得到回函的情况,审计人员要在分析各种可能的情况后,采取替代审计程序。下面以最常用的“应收账款”函证为例,介绍不能收到回函的原因和审计人员可能采取的替代程序。

二是分析和处理函证结果。

审计人员收到回函后,如果回函认定的结果与被审计单位账面情况一致,则可能说明被审计单位有关审计事项的记录真实、正确。如果回函认定的结果大于账面情况,则说明被审计单位可能存在通过低估,人为调整期末余额、资产不实的问题;如果回函认定的结果小于账面情况,则说明被审计单位可能存在通过高估,人为扩大资产规模、虚增利润的可能。对于这两种可能性,审计人员仍需通过追加审计程序加以核实,查明存在差异的原因。主要通过检查销售合同、发票、发货单等来了解往来款项发生时的情况,通过审阅现金、银行存款日记账来检查往来款项的结算情况,必要时需通过与债权债务人直接联系,最终确认差异存在的原因。

6. 计算

计算是审计人员对被审计单位会计资料中的数据进行验算。

计算的目的在于验证被审计单位计算结果的正确性;验证被审计单位会计资料以及其他书面资料披露结果的正确性。

(1)适用对象与条件。

计算主要适用于审计人员对下列被审计单位会计资料中的数据进行验算或者另行计算:会计凭证、会计账簿和会计报表中有关项目的小计、合计、总计、累计、差额、乘积等;需要重新计算,以验证计算结果是否正确的经济活动,如固定资产折旧、汇兑损益、职工福利费、有关税金的计缴等;对有关成本、费用的归集和分配的结果进行验算,以验证成本、费用的分配标准和方法的正确性;对一些会计补充资料、财务指标,如流动比率、速动比率等进行验算。审计人员通过计算取得的多为自制的书面证据。

(2)实施步骤与要点。

①计算前的准备。

审计人员通过计算获取审计证据,一般是在对被审计单位的会计资料已经进行审阅、核对、查询或分析性复核的基础之上进行的。因此,审计人员在采取计算法收集审计证据前,应运用其他审计取证的方法进行必要的准备工作。

从事计算取证的审计人员应有一定专业知识,如计算有关税金的计缴时,应对国家的税收法规有较为深入的掌握,以确保计算结果的正确性。

②实施计算。

主要是审计人员根据审计事项的具体目标,运用计算手段进行验算和另行计算,并取得书面计算结果的过程。实施计算过程中,要充分考虑具体审计目标,内部控制测评、审计风险评估的结果利用,决定是验算,还是另行计算,以减少实施计算的工作量,进而提高审计效率,降低审计成本。

当计算结果与被审计单位的会计资料记录不一致时,审计人员一般应再次验证计算过程。必要时,与被审计单位有关部门和人员进行沟通,沟通不一致时,应以审计人员的计算结果为准。

③数据的调节计算。

在实际工作中,除一般意义上的验算和计算外,有些审计事项的数据正确性需要通过考虑一些增减因素加以调节后取得验证。这种计算方法也就是通常意义的“调节”。调节主要用于对未达账项的调节和实物资产监盘结果的调节。

一是对未达账项的调节。

这主要是通过编制银行存款余额调节表,分别从企业和银行两个角度,考虑增减因素的影响来进行计算,以验证银行存款余额和被审计单位会计记录的正确性。通常情况下,被审计单位已经编制银行存款余额调节表,审计人员的主要工作是检查和验算。

二是对实物资产监盘结果的调节。

其基本原理是将会计记录结账日与实际盘点日之间作为一个会计期间,将结账日视为期初,盘点日视为期末,通过调节验证实物资产结存数量和被审计单位会计记录的正确性。对实物资产的调节取证通常是与对实物资产的监盘取证结合进行的。

上述审计方法,在财务人员、稽核人员自查经济业务漏洞中可以通用。各种方法根据工作目的不同,也会结合使用,以发挥更好的作用。

审计服务的对象不同,其要求和特点也不同,因此就需要确定不同的审计目标,运用不同的程序和方法。同时,审计的环境千差万别,各种政治的、经济的、法律的因素都在不断发展变化。

审计从监督受托财务责任,发展到剖析企业深层次问题的经营管理审计。其审计取证方法和技术手段必须不断地自我更新、自我完善。因此,审计要存在,要更好地发挥作用,要提高自己的地位和权威性,就必须在技术方法上不断地调整以适应环境的变化。

随着审计环境的日益复杂化,审计风险越来越大,因此从发展的观点来看,审计必须提高风险防范的技术方法,以使取证工作更加科学合理,增加审计结果的可靠性和可信度,从而有效避免风险。

内部审计从审计取证方法角度来说并没有特殊的创新,特殊行业针对特殊作业流程会有特殊的方法,但基本的工作流程、方式方法不会有太大区别。在财务系统信息化、数字化的推动下,内部审计也逐步实现与财务系统接轨,研发独立的审计信息系统,运用大数据等工具,提高审计效率。

第四章 内部控制

第一节 内部控制概述

一、内部控制与风险管理

内部控制是指一个单位为了实现其经营目标,保护资产的安全完整,保证会计信息资料的正确可靠,确保经营方针的贯彻执行,保证经营活动的经济性、效率性和效果性而在单位内部采取的自我调整、约束、规划、评价和控制的一系列方法、手段与措施的总称。完善的制度、有效的执行,是开展现代审计的基础。

内部控制是社会经济发展的必然产物,它是随着外部竞争的加剧和内部强化管理的需要而不断丰富和发展的。纵观内部控制理论的发展历程,大致上经历了以下六个阶段:内部牵制阶段;内部控制制度阶段;会计控制管理控制阶段;内部控制结构阶段;内部控制整合框架阶段;风险管理框架阶段。

20 世纪 70 年代中期发生的“水门事件”引起了美国立法者和监管团体对内部控制问题的重视。美国国会于 1977 年通过的《反国外腐败法》是美国在公司内部控制方面的第一个法案。1980 年后,美国 COSO 委员会(反虚假财务报告委员会下属的发起组织委员会)将“内部控制”定义为“一个组织设计并实施的一个程序,以便为达到该组织的经营目标提供合理保障”。在 COSO 委员会制定的内部控制框架中,把内部控制活动分成五大组成部分:控制环境、风险评估、控制活动、信息与交流和监督评审。内部审计也是企业内控的一种有效管理手段。

2002年,美国成立的上市公司会计监管委员会(简称PCAOB)明确采用了COSO内控框架作为内控评价的标准体系。许多国家和地区的资本市场也采用了COSO内控框架,有些国家和地区在参照该框架的基础上建立了自己的内控体系。

2004年,美国COSO委员会发布《企业风险管理整合框架》。框架认为:“企业风险管理是一个过程,它由一个主体的董事会、管理当局和其他人员实施,应用于战略制订并贯穿于企业之中,旨在识别可能会影响主体的潜在事项,管理风险以使其在该主体的风险容量之内,并为主体目标的实现提供合理保证。”该框架拓展了内部控制,更有力、更广泛地关注于企业风险管理这一更加宽泛的领域,具体包括了八大要素:内部环境、目标设定、事项识别、风险评估、风险应对、控制活动、信息与沟通、监控。

2017年9月,COSO发布新的《企业风险管理:风险与战略和绩效的协调》,新版框架关注点与旧版不同,它所关注的是如何使企业风险管理(ERM)在组织机构内真正行之有效。新框架基于以下这样一个基本假设:即每个企业存在的目的均旨在为利益相关方提供价值,但在价值追求过程中会面临不确定性。“不确定性”一词被定义为未知的事项,而“风险”则被重新定义为事项发生并影响战略和商业目标实现的可能性。“企业风险管理”被定义为组织在创造、保持和实现价值的过程中,结合战略制定和执行,赖以进行管理风险的文化、能力和实践。关于企业风险管理的定义变化最为彻底,直接抛弃了第一版的定义,将风险管理工作直接从“一个流程或程序”提升到“一种文化、能力和实践”,用以实现组织创造、保持和实现价值。另外,也从定义上撇清了风险管理和内部控制的模糊关系。因此,新版框架认为:管理层面临的一大挑战是确定企业准备接受和能够接受多少不确定性,亦即多少风险。有效的“企业风险管理”能够使管理层在权衡风险和机遇的同时,提升企业创造、保护和最终实现价值的能力。

新版框架包含了五大要素:治理和文化;战略和目标设定;绩效;审阅和修订;信息、沟通和报告。新五大要素的变化最明显的标志就是“去风险化”,旧版框架要素中的“风险”一词均被去除,不再一味地强调风险视角下的企业治理及管理要素,而是直接从企业治理和管理的角度提出将风险管理内容嵌入,为风险管理工作的真正融入企业治理与管理打下了基础。内部控制理论企业治理的目标提升至更高。

我国在 2005 年先后出台了《上交所上市公司内部控制指引》和《深交所上市公司内部控制指引》两个文件。上述两个文件参照了美国 SOX 法案的理论,在理论体系上和 COSO 内控框架一脉相承,先在上市公司中逐步引入、建立现代企业内部控制。2006 年,国务院国资委发布《中央企业全面风险管理指引》,标志着我国中央企业建立全面风险管理体系工作的启动。国企内部控制推行工作拉开序幕。指引指出企业建立与实施有效的内部控制,应当包括下列要素:

(1)内部环境。

内部环境是企业实施内部控制的基础,一般包括治理结构、机构设置及权责分配、内部审计、人力资源政策、企业文化等。

(2)风险评估。

风险评估是企业及时识别、系统分析经营活动中与实现内部控制目标相关的风险,合理确定风险应对策略。

(3)控制活动。

控制活动是企业根据风险评估结果,采用相应的控制措施,将风险控制在可承受之内。

(4)信息与沟通。

信息与沟通是企业及时、准确地收集、传递与内部控制相关的信息,确保信息在企业内部、企业与外部之间进行有效沟通。

(5)内部监督。

内部监督是企业对内部控制建立与实施情况进行监督检查,评价内部控制的有效性，发现内部控制缺陷，应当及时加以改进。

以企业资金控制为例，一般来说内部控制体系主要可以分为事前防范、事中控制和事后监督三个环节。

(1)事前防范。

企业需要建立一套严格的内控制度，如《企业财务管理办法》《企业预算管理办法》《大额资金审批管理办法》等一些相关的制度。

在企业的资金管理过程中，要合理设置职能部门，明确各部门的职责，各司其职，建立财务控制和职能分离体系。充分考虑不兼容职务和相互分离的制衡要求。各部门、各岗位形成相互制约、相互监督的格局。

另外，企业还应当建立严格的审批手续，授权批准制度，明确审批人对资金业务的授权批准方式、权限、程序、责任和相关控制措施，规定经办人办理资金业务的职责范围和工作要求。

(2)事中控制。

事中控制主要体现在保障货币资金安全性、完整性、合法性和效益性控制。其范围包括现金、银行存款、其他货币资金、应收应付票据的控制。主要方法有：账实盘点控制、库存限额控制、实物隔离控制等。

(3)事后监督。

在资金管理过程中，除事前防范、事中控制环节之外，资金的事后监督也是必不可少的环节。

在每个会计期间或每项重大经济活动完成之后，内部审计部门都应按照有效的监督程序，审计各项经济业务活动，及时发现内部控制的漏洞和薄弱环节；各职能部门也要将本部门在该会计期间或该项经济活动之后的资金变动状况信息及时地反馈到财务部门。

这样既保证了资金管理目标的适当性和科学性，也可根据反馈的实际信息，随时采取调整措施，以保证资金的管理更为科学、合理、有效。

二、内控体系建设与全面风险管理的联系和作用

全面风险管理与内部控制既相互联系又存在差异。企业的内部控制体系是企业全面风险管理体系中重要的组成部分之一，内控体系建设的动力则来自企业对风险的认识和管理。良好的内部控制可以保证合规经营、财务报表的真实可靠和经营结果的效率与效益，而这正是全面风险管理应该达到的基本状态。此外，内控体系建设与全面风险管理工作的开展之间具有紧密的联动作用，具体体现在以下两个层面。

(1)在理论框架层面，完整的内控体系包括依据 COSO 内控整体框架开展内部控制的评审体系以及内控自我评估体系；目前国内外较为认可的企业风险管理理论框架是 COSO 企业风险管理整体框架。这两个框架在理论基础上具有继承性和发展性。

(2)在推进工作步骤层面，从国内大型国有企业集团开展内部控制和风险管理的推进步骤来看，以内控先行、再逐步开展全面风险管理的做法是符合我国国情的。通过内控体系建设，在组织架构的完善、人员经验的积累、内控流程的记录等方面做好准备，可为企业未来开展全面风险管理打下较为完善的基础。

至于差异，从二者的框架结构看，全面风险管理目标较内部控制更有全面性；全面风险管理的要素较内部控制要素更有包容性。从二者的实质内容看，内部控制仅是管理的一项职能，而全面风险管理贯穿于管理过程的各个方面。内部控制主要通过防范性的视角去降低企业内部可控的各种风险，侧重于财务和运营；而全面风险管理强调通过前瞻性的视角去积极应对企业内外各种可控和不可控的风险，侧重于战略、市场、法律等领域。

第二节 铁路企业内部控制与审计

一、铁路企业内部控制

2008年5月,我国财政部会同证监会、审计署、银监会、保监会制定了《企业内部控制基本规范》(财会〔2008〕7号),自2009年7月1日起在上市公司范围内施行,鼓励非上市的大中型企业执行。该规范所称内部控制,是由企业董事会、监事会、经理层和全体员工实施的、旨在实现控制目标的过程,其目标是合理保证企业经营管理合法合规、资产安全、财务报告及相关信息真实完整,提高经营效率和效果,促进企业实现发展战略,包括内部环境、风险评估、控制活动、信息与沟通、内部监督五大要素。

作为内部审计,主要关注的是控制活动,即内部控制制度的建立和执行情况。内部控制制度的设计或运行缺陷所在,往往是企业管理漏洞所在,也是隐藏性质严重或深层次问题的所在,审计人员必须重点关注。具体可以结合经营业绩查证的要点,包括收支、资金、资产、预算、薪酬、合同、招投标等方面,检查是否建立相应的管理办法,关键控制环节是否有相应的卡控措施,并按办法规定执行业务管理,特别要关注各业务的关键控制环节,如授权审批、岗位分离、财产保护等方面是否按制度要求执行到位。

改革开放以来,我国社会主义市场经济飞速发展,铁路行业顺应时代潮流由计划经济逐步向市场经济过渡。在转型过程中,铁路企业遇到不少困难,尤其是近年来改革步伐加快,生产布局结构频繁调整,给起步较晚、经营管理模式不成熟的铁路企业带来诸多难题。

2010年7月,原铁道部办公厅转发财政部、证监会、审计署、银监会、保监会等部门新发布的《企业内部控制配套指引》,该配套指引包括《企业内部控制应用指引》《企业内部控制评价指引》《企业内部控制审计指引》三部分。与此前发布的《企业内部控制基本规范》

共同构建了企业内部控制规范体系。《企业内部控制配套指引》以防范风险和控制舞弊为中心,以控制标准和评价标准为主体,对企业完善内部控制、防范经营风险具有较强的指导作用。文件要求铁路系统内各单位要把宣传学习贯彻内部控制规范体系作为全面提升企业经营管理水平的重要举措,在企业内全员普及内部控制新理念,明确总体要求、管控措施和方法等。要加强对内部控制知识的培训,并将有关内容纳入有关人员的后续教育课程,开展全员培训,在铁路单位内部营造"人人学内控、人人讲内控、个个受约束"的良好氛围。

至此,铁路系统内控初步建立并投入应用。铁路企业建立了组织架构、发展战略、人力资源、社会责任、企业文化、资金活动、采购业务、资产管理、销售业务、研究与开发、工程项目、担保业务、业务外包、财务报告、全面预算、合同管理、内部信息传递和信息系统 18 项内控应用主体框架,还建立有内控评价指引及审计指引相关内容的内控制度。

整体来讲,铁路企业的内部控制起步较晚,发展较慢,体系较落后。铁路基层单位基本是执行上级的规章制度,自主创新较少,整体内控体系还不完善。财务与资金的内控相对其他部门、系统的内部控制建设已经是相对完善的了。

面对这种环境,审计人员在对铁路基层单位进行审计时,应重点关注上级已经明确要求建立的内控制度是否建立健全,内控制度是否得到有效执行,执行中存在的具体问题如何解决。

二、铁路企业内部控制审计

铁路内部审计机构实施的专项内部控制审计较少,对内部控制环节的审计贯穿于财务收支、经营业绩和任期经济责任等审计项目中。

内部控制审计的内容较多,在审计时既要保证覆盖面,又要突出重点,根据重要性原则和铁路基层单位实际情况,应侧重一些容易发生错误和易产出舞弊行为的业务流程和控制环节。在岗位责任制健全的单位,检查责任制制度及执行情况是确定被审计单位内部各部门、各环节、各层次经济责任的关键。重点在于各个控制环节关键岗位、关键节点的牵制作用是否得到正常发挥。一般主要检查各部门和经办人员的职责是否经过恰当授权,不相容职务是否分离,各岗位责任制赋予的各职能部门、人员是否达到分工明确、职责分明、控制有力。

内部控制审计是一项综合性的、全覆盖的审计工作,随着审计内容不断完善,在铁路内部审计的地位与作用将会越来越突出。

第五章　铁路基层单位审计应用

本章从内控应用框架组织架构、资金活动、采购业务、销售业务、业务外包、财务报告、全面预算、合同管理等方面，结合铁路基层单位实际，介绍相关政策、规定及铁路基层单位内部审计具体应用。

第一节　组织架构

中国铁路总公司改制后，铁路系统内部仍是三级管理模式，即铁路总公司—铁路局集团公司—铁路基层单位。

铁路基层单位内部也是三级管理模式，即站段—车间—班组。

在基层单位组织架构层级的审计内容主要涉及领导班子“三重一大”事项决策内容。“三重一大”事项是指重大决策、重要人事任免、重大项目安排和大额度资金运作涵盖的内容，是国有企业经营管理的核心问题。

(1)重大决策事项，是指依照《中华人民共和国公司法》《中华人民共和国全民所有制工业企业法》《中华人民共和国企业国有资产法》《中华人民共和国商业银行法》《中华人民共和国证券法》《中华人民共和国保险法》以及其他有关法律法规和党内法规规定的应当由股东大会(股东会)、董事会、未设董事会的经理班子、职工代表大会和党委(党组)决定的事项。主要包括企业贯彻执行党和国家的路线方针政策、法律法规和上级重要决定的重大措施，企业发展战略、破产、改制、兼并重组、资产调整、产权转让、对外投资、利益调配、机构调整等方面的重大决策，企业党的建设和安全稳定的重大决策，以及其他重大决策事项。

(2)重要人事任免事项,是指企业直接管理的领导人员以及其他经营管理人员的职务调整事项。主要包括企业中层以上经营管理人员和下属企业、单位领导班子成员的任免、聘用、解除聘用和后备人选的确定,向控股和参股企业委派股东代表,推荐董事会、监事会成员和经理、财务负责人,以及其他重要人事任免事项。

(3)重大项目安排事项,是指对企业资产规模、资本结构、盈利能力以及生产装备、技术状况等产生重要影响的项目的设立和安排。主要包括年度投资计划,融资、担保项目,期权、期货等金融衍生业务,重要设备和技术引进,采购大宗物资和购买服务,重大工程建设项目,以及其他重大项目安排事项。

(4)大额度资金运作事项,是指超过由企业或者履行国有资产出资人职责的机构所规定的企业领导人员有权调动、使用的资金限额的资金调动和使用。主要包括年度预算内大额度资金调动和使用,超预算的资金调动和使用,对外大额捐赠、赞助,以及其他大额度资金运作事项。

对于铁路企业来说,领导班子集体讨论决定"三重一大"问题,是实现科学决策的重要前提,更是加强民主集中制的重要方法和重要内容。

1. 充分认识落实"三重一大" 集体决策制度的重要意义

"三重一大" 集体决策制度是我们党防范决策风险,维护国有资产安全,推进国有企业反腐倡廉建设的一项重要举措。

1994 年 9 月,党的十四届四中全会通过的《中共中央关于加强党的建设几个重大问题的决定》,明确由集体讨论决策的"重大问题",成为"三重一大"提法的雏形。1996 年 1 月,第十四届中央纪委第六次全会第一次明确了"三重一大"制度的概念。2010 年 7 月 15 日,中共中央办公厅、国务院办公厅印发了《关于进一步推进国有企业贯彻落实"三重一大"决策制度的意见》,规定了"三重一大"事项的主要范围和决策的基本程序。

2006年,铁道部党组下发了《铁路局领导班子集体决策"三重一大"问题的规定(试行)》,第一次明确和统一了各铁路局的决策形式、范围和程序。2008年,铁道部党组要求将"三重一大"问题集体决策制度的情况,作为领导干部民主生活会、职工代表大会述职述廉和厂务公开的内容,每年进行一次检查。2010年,铁道部党组针对事关铁路改革发展、重大经营项目和职工群众切身利益的重大决策,采取专家咨询、职工代表听证和风险评估等办法。同年,铁道部各所属单位建立健全了"三重一大"决策制度。

2. 准确把握落实"三重一大" 集体决策制度的实效性

(1)坚持民主决策,提高决策正确性。铁路企业对"三重一大"问题实行集体决策,能够发挥领导班子的集体智慧,有效化解经营风险,避免决策失误,确保国有资产运营安全和保值增值。党政联席会议作为集体讨论决定的唯一会议。为提高领导班子民主决策、科学决策的水平,要制定《重大问题决策投票表决制度》,采取记名式和无记名式投票表决,对大额投资、国有资产出租、贷款、赞助和一次性奖励及分配方案采取记名式投票表决。对干部任免、奖惩、调动,均采取无记名式投票表决。

(2)坚持依法决策,提高决策责任性。"三重一大"之所以上升为中央文件,原因就在于国企腐败案多发,投资失误造成不小损失。近年来出现的一些国有企业腐败问题,大多在于企业"一把手"的权力过大,缺乏制度上的设防力度。实践证明,"三重一大"由"内部文件"升格为"国家意见",是预防权力腐败的治本之策。各级党委对集体决策"三重一大"问题负有监督责任,党政正职对集体决策"三重一大"问题负有提出、论证、把关、决策和监督等责任。

(3)坚持科学决策,提高决策准确性。科学决策必须建立在制度做保障,用制度来保证决策的科学性和准确性。一是准确提出议案。党政联席会议成员有权提出议案动议,党政正职共同研究,做出是否确定为议案的决定。二是充分调研论证。对关系企业发展、稳定及职工切身利益的重大决策,必须按照有关规定听取职工代表的意见。重要项目要组成专门调研组,进行经济风险和效益分析。形成调研报告,提出意见和建议。三是酝酿确定议题。经党政正职同意后,将议案及调研论证报告送达其他领导班子成员或有关部门进行酝酿和沟通。由党政正职协商确定是否列入议题。四是提交会议讨论。决策"三重一大"问题必须经过领导班子集体讨论,不得以传阅、会签或个别征求意见等形式代替会议讨论和表决。五是进行会议表决。干部任免事项采取无记名投票方式进行表决。对其他事项按照少数服从多数的原则,采取口头或举手方式表决。六是决策实施过程。做出决策后,领导班子成员和职能部门必须无条件坚决执行。不得有任何与集体决定相悖的言论和行动,确保决策的严肃性和权威性。

第二节　资金活动

资金运营又称资金活动,是指企业筹资、投资和资金营运等活动的总称。铁路总公司内设资金清算中心是其直属单位之一,负责铁路系统内部资金清算。其职责主要有:承办国家铁路资金融通业务和路内单位货币资金结算业务;调剂流动资金余缺;审核部属单位结算中心设置,拟定结算中心管理规章制度,监管、指导结算中心业务;联系中国人民银行,协调有关方面关系;办理国家铁路国际联运清算和对港客运清算业务;接受委托办理清算和具体财会业务;负责运输票证印刷和供应工作;负责国家铁路运输成本计算系统建设,实施运输成本计算和分析等工作。

铁路基层站段资金活动较为简单,一般依靠全面预算管理进行控制,严格执行相关管理办法,运营资金所需由所属铁路局集团公司拨付。基层单位的资金活动一般不存在筹资和投资活动。主要控制项目为大额资金的支出联签。经过多年制度建设,大额资金联签制度执行较好,虽然很少出现问题,但仍有极个别单位,个别款项未按规定执行,资金的检查仍然是审计的重要内容。

第三节 采购业务

采购业务按对象不同主要分为:有形物品采购,如机械设备、原材料、零部件、工具等;无形物品采购,如技术采购、服务采购、劳务采购等。

基层站段日常零星采购金额较小,不涉及招投标。大型物资、设备、服务等由铁路局集团公司负责进行集中采购,以降低采购成本。部分不宜集中采购的项目由站段进行采购。

一、招投标简介

招投标,是招标投标的简称。招标和投标是一种商品交易行为,是交易过程的两个方面。招标投标是一种国际惯例,是商品经济高度发展的产物,是应用技术、经济的方法和市场经济竞争机制的作用,有组织地开展的一种择优成交方式。这种方式是在货物、工程和服务的采购行为中,招标人通过事先公布的采购和要求,吸引众多的投标人按照同等条件进行平等竞争,按照规定程序并组织技术、经济和法律等方面专家对众多的投标人进行综合评审,从中择优选定项目的中标人的行为过程。其实质是以较低的价格获得最优的货物、工程和服务。

招投标包括招标和投标两部分不同的内容,是招标和投标双方的一种合同交易行为。招投标从广义上可分为工程招投标、货物招投标和服务招投标。工程招投标主要指工程的新建、改造、扩建、维修方面的施工行为或工程总承包。服务招投标主要包括工程的规划、勘测、设计、监理,还包括其他项目的审计、造价、物业服务、保洁保安、物流运输等。货物招投标包括设备招投标、物资招投标和材料招投标。

招标投标活动应当遵循公开、公平、公正和诚实信用的原则,有公开招投标和邀请招投标两种形式。

公开招投标,又称无限竞争性招标,是指招标人以招标公告的方式邀请不特定的法人或者其他组织投标。公开招标的投标人不少于3家,否则就失去了竞争意义。

邀请招投标,又称有限竞争性招标,是指招标人以投标邀请书的方式邀请特定的法人或者其他组织投标。邀请招标的投标人不少于3家。

实践中还有一种应用较为广泛的商品交易方式,被称为“议标”,是发包人和承包商之间通过一对一谈判而最终达到目的的一种方式。通俗地讲,就是“标后压价”,在开标之后再要求投标人降低报价。从易招标团队的实践来看,标后压价属于多轮博弈,投标人在密封报价时通常会预留降低空间,因此如果招标人如果对真实成本把握不够精当,反倒容易产生不良后果,如价格虚高或者供应商无利可图从而偷工减料、以次充好。而且,依法必须招标的项目,采取“议标”形式,是违法行为。

《中华人民共和国招标投标法》中明确依法必须招标的项目有:在中华人民共和国境内进行下列工程建设项目包括项目的勘察、设计、施工、监理以及与工程建设有关的重要设备、材料等的采购。

(1)大型基础设施、公用事业等关系社会公共利益、公众安全的项目;

(2)全部或者部分使用国有资金投资或者国家融资的项目;

(3)使用国际组织或者外国政府贷款、援助资金的项目。

国家融资项目的范围包括:使用国家发行债券所筹资金的项目;使用国家对外借款或者担保所筹资金的项目;使用国家政策性贷款的项目;国家授权投资主体融资的项目;国家特许的融资项目。

使用国际组织或者外国政府资金的项目的范围包括：使用世界银行、亚洲开发银行等国际组织贷款资金的项目；使用外国政府及其机构贷款资金的项目；使用国际组织或者外国政府援助资金的项目。

前款所列项目的具体范围和规模标准由《工程建设项目招标范围和规模标准规定》明确如下：上述各类工程建设项目，包括项目的勘察、设计、施工、监理以及与工程建设有关的重要设备、材料等的采购，达到下列标准之一的，必须进行招标：

(1)施工单项合同估算价在200万元人民币以上的；

(2)重要设备、材料等货物的采购，单项合同估算价在100万元人民币以上的；

(3)勘察、设计、监理等服务的采购，单项合同估算价在50万元人民币以上的；

(4)单项合同估算价低于第(1)、(2)、(3)项规定的标准，但项目总投资额在3 000万元人民币以上的。

依法可以不招标的项目有：涉及国家安全、国家秘密、抢险救灾或者属于利用扶贫资金实行以工代赈、需要使用农民工等特殊情况，不适宜招标的项目，按照国家有关规定可以不进行招标；使用国际组织或者外国政府贷款、援助资金的项目进行招标，贷款方、资金提供方对招标投标的具体条件和程序有不同规定的，可以适用其规定，但违背中华人民共和国的社会公共利益的除外。

此外，《工程建设项目施工招标投标办法》中规定不招标的项目有：

(1)施工主要技术采用不可替代的专利或者专有技术；

(2)已通过招标方式选定的特许经营项目投资人依法能够自行建设；

(3)采购人依法能够自行建设；

(4)在建工程追加的附属小型工程或者主体加层工程，原中标人仍具备承包能力，并且其他人承担将影响施工或者功能配套要求；

(5)国家规定的其他情形。(《中华人民共和国招标投标法实施条例》中明确:需要采用不可替代的专利或者专有技术;采购人依法能够自行建设、生产或者提供;已通过招标方式选定的特许经营项目投资人依法能够自行建设、生产或者提供;需要向原中标人采购工程、货物或者服务,否则将影响施工或者功能配套要求;国家规定的其他特殊情形。)

从中可以看出,《中华人民共和国招标投标法》中规定的强制招标范围,主要着眼于“工程建设项目”,是工程建设项目全过程的招标,包括从勘察、设计、施工、监理到设备、材料的采购。

二、审计中应关注的重点

在实际生产经营活动中,大中型建设项目招投标组织较为正规,但铁路基层单位往往滥用招投标方式进行物资、服务的采购,基层单位领导该拍板的不拍板,不用招标的项目采用招标或议标方式,回避廉政风险与领导责任;另一方面招投标公示层次不高,投标人参与较少,串标、围标等现象屡见不鲜,是权力出租的另类表现。

审计中重点检查铁路基层单位是否自行组织采购大修、更改、运营维修所需集中采购的物资(含大修、更改项目物资,柴油、铁路专用润滑油、钢轨等运营维修物资),未按规定交由铁路局集团公司集中组织招标采购。

自行采购物资重点关注采购程序的规范性,即是否按计划采购;是否建立自购料供应商准入制度;采购过程中是否比选自购物资的供应商和价格,价格是否公允、合理,是否减少中间环节,节约采购成本;审批手续是否齐全并按要求在物资信息平台上进行公告。对达到招标金额起点的是否按规定组织招标采购,招标程序是否规范。对全年采购总量大、批次频繁的,可采用抽查的方式,选择单批采购金额较大的业务,或对全年采购量较大的品种用类似“穿行测试”、重新执行的方法,检查其执行相关采购规定的情况。此外,还要关注采购物资签收手续是否齐全，采购与保管岗位是否未分离等内部牵制机制的执行情况，对内部牵制机制不健全、管理混乱的，要重点关注。

固资购置方面要关注决策、审批、计划情况和购置程序的规范性，固资购置一般频次不多且单批次金额较大，应采用详查法逐笔检查。可取得固资新增明细，逐笔核对年度更新改造计划及调整计划。对达到500万元（含）以上的，应特别关注是否通过可行性研究并按规定权限报经集团公司审查通过。检查购置程序是否规范，对达到招标范围的，是否按规定组织招标。

外购服务方面要关注对方单位资质、规模、行业地位等因素。查阅现员、定员情况，检查外购服务是否必需，是否按规定审批，并签订合同，费用列支是否取得发票，费用是否直接支付对方等。

辅业单位承揽主业单位业务时，各铁路局集团公司和基层单位做法不一，有的通过招投标程序，有的直接指定，具体事项还需在审计中结合实际逐一甄别原因，防止主业单位转移资金，为“小集体”谋利。

第四节 销售业务（非运输业）

运输主业在生产的同时完成了销售，本章主要介绍非运输业的部分销售业务。非运输业收入审计主要关注收入的完整性。

一、商业贸易业务

1. 源头检查

抽查材料采购账户，对大额的采购业务，追查自订货至到货验收、入库全过程的合同、凭证、账簿记录，以确定其是否完整、正确，抽查有无购货折让、购货退回、损坏赔偿、调换等事项，抽查若干在途材料项目，追查至相关购货合同及购货发票，并复核采购成本的正确性。（不设“材料采购”科目的，适用于对在途材料、原材料、包装物

等科目购进业务的检查)

2. 合同检查

对物资采购合同的检查,可采用如下方法:

(1)详查。将发票与合同核对,查单价、品名、规格是否一致,包装物、运输结算单与合同规定是否一致。

(2)同类对比。将多个合同中相同品名、规格的物资一起核对,看价格有无不当,如有差异,要追查原因。

(3)前后纵向对比。将当期价格与前期比较,在考虑市场价格涨落因素后,判定价格的合理性,查是否有高价购入,损害企业利益的行为。

(4)横向比较。与所掌握的铁路局集团公司内各单位同类物资采购价格比较等。

3. 特殊销售

检查有无特殊的销售行为,如委托代销、分期收款销售、商品需要安装和检验的销售、附有退回条件的销售、售后租回、售后回购、以旧换新等,选择恰当的审计程序进行审核;选择重要或异常的销售费用项目,检查其原始凭证是否合法,会计处理是否正确,必要时,对销售费用实施截止日测试,检查有无跨期入账的现象。

4. 其他关注

对非商贸企业偶尔开展商业贸易业务的,应特别关注除了商贸主体合同外,是否存在其他补充协议或与同一对象发生的其他业务行为,检查是否存在为做大收入指标而虚构商贸业务。如为补偿对方而在主合同外签订诸如运输补偿、货物转运费等协议,向对方额外支付费用或酬金,导致整个商贸业务亏损或利润缩水等。

二、房地产开发

1. 规费问题

公共设施配套费、水电增容费、消防设施监督金、教育附加费等规费由于缴纳程序不透明,存在关系操作空间,往往被利用各种关系采取缓缴、欠缴或减免等方法漏缴。对此,应详细了解已缴规费与国家及当地政府部门规定的应缴数进行对比,查处漏缴情况。特别是有采取将规费委托机构或个人代理的,要重点查证是否真实,有无内部操作套取资金、损害单位利益的行为。同时也可能采取发包或结算给施工单位代理的,要查证施工单位是否真实足额上缴。

2. 合资开发

对有合资开发业务的应关注是否存在按投资比例分回的开发产品未入账,甚至将其账外出售的问题;对有委托代建业务的,是否存在将代建工程收支在往来科目核算,不按规定结算损益,形成账内小金库,甚至收入不入账,资金体外循环的问题。

3. 非正常销售

关注是否存在将商品房用于投资、偿债(如抵设计费等)、捐赠、自用和以房换地等,不作视同销售账务处理,造成少计收入、漏缴税金等问题。

4. 自用情况

未出售的商品房应通过查询、现场观察等方式查证是否存在将待售商品房出租收入、周转房(安置动迁户)销售收入直接冲减出租、周转房的改装修缮支出,或者账外存储的问题。

5. 分期成本

注意先期销售和后期销售的同一开发项目同类商品房的单位成本前后不一致,挤占和虚增开发成本的问题;对于开发周期长的产品,应注意其完工形象进度与账面发生的开发成本是否一致,是否存在多计、少计完工产品成本问题。

6. 公共配套

房产开发在办理竣工结算时,对尚未完工、不能有偿转让的公共配套设施,通常采用预提办法将所需配套设施费预估计入开发成本,对此,要根据建筑面积或投资比例复算预提费用的合理性,是否多计或少计成本。

7. 资金检查

分析资金来源和流量,利用各种资料,查证是否存在签订虚假售房合同,套取银行按揭贷款,或提供虚假购销合同,套取银行承兑汇票等问题。关注借款费用的计量的准确性,检查是否存在随意分摊借款利息的问题。

三、租赁业务

1. 实地调查

对未纳入财务资产核算、未登记台账、未签订合同以及前次租期到期日至下次起租开始日之间的空档期租赁资产,要作为重点事项跟踪落实,查找资产形成、未签合同和未出租的真实原因,必要时应到现场落实和查证实物,防范转租、私自出租行为和隐瞒、截留、转移收入形成账外账、“小金库”的严重违纪违规问题。

2. 费用检查

检查支出时,应重点关注经营期间按合同约定发生的维修、整修及零星改造费用,要检查是否符合预算管理、是否真实发生、有无高估冒算、是否按规定摊销及是否存在资本费用化的问题;对涉及房屋和其他建筑物提质改造、土地、场地等租赁(借用)的,是否按有关规定先报集团公司相关业务主管部门审批同意后,再逐级上报审批。

3. 其他检查

重点关注有可能存在的以下行为:对应公开招租而未进行公开招租的资产租赁,同地段物业采取化整为零,擅自拆分资产、低价出租,导致企业利益受损;在资产租赁工作中弄虚作假,暗箱操作,以权(职)谋私,给企业经济利益带来损失,或造成国有资产流失;在合同履行期内,未经资产租赁管理领导小组会议讨论决定,擅自降低租金或免租行为或减免依据不充分的问题。

第五节 业务外包

业务外包也称资源外包，指将企业整合资源，用其外部的专业化资源，达到降低运营成本、提高效率、增强核心竞争力的管理模式。

企业要成功实施业务外包，必须选择正确的外包对象，即要确定哪些业务适合外包，哪些业务必须自管。由于不同业务活动所需投入的资源不同，对企业竞争优势的重要程度也不同，因此，可以据此将企业从事的业务分为核心业务与非核心业务。核心业务（例如软件企业的研发、制造企业的生产制造等）是企业投入资源最多、对企业存亡具有关键性作用的业务，往往也是企业擅长的、能创造高收益、有发展潜力和市场前景的业务活动。而非核心业务围绕核心业务，对企业的战略重要性相对较低，比如人力资源业务以及后勤业务等。

理论上，业务的性质越复杂，对企业的竞争战略越重要，出现信息不对称的可能性也就越大。因此，企业越倾向于将其内部化，而不是外包。

不仅业务的性质影响外包决策，业务所需投入的资产的性质也制约着外包策略的选择。交易成本理论认为资产专用性程度越高，市场交易费用越高，投资风险越大。所谓专用资产指投资于支持某项特定交易的资产，它们一旦形成很难另做他用，因此，交易双方具有很强的依赖性，一方违约将使另一方产生巨大的交易风险。专用性程度低的资产使用面较广，使用难度不大而且易于获得，对于这类资产，市场交易是理想的选择。对于资产专用性程度中等的产品或业务来说，可以实行外包，利用外部供应商实现规模经济效应。

受铁路企业内部机构设置、作业能力、技术水平等因素制约，目前存在大量业务外包及劳务外包的情况。范围涵盖了车务、机务、工务、供电、电务、车辆以及运输辅助、直属非运输企业，主要有生产外包、服务外包、人力资源外包、信息技术服务外包、研发外包等外包业务。业务外包支出在部分单位的成本构成中所占的比重也在逐年增加,各单位对业务外包的控制程度以及对外部市场成熟度等标准的掌握还不全面。

从内部审计的角度来看业务外包,近年来,审计的重心一直放在主营业务成本方面以及与之相关的各个管理环节,对业务外包合理性、效益性的审计力度相对欠缺与薄弱,而有些单位由于对业务外包管理松懈,出现了管理漏洞,借着业务外包的名义发生了违规违纪行为,甚至出现了设立"小金库"的问题。

基于业务外包的特点,业务外包审计的主要侧重点应在业务外包的必要性、真实性、效益性方面。

第六节　财务报告

一、会计报表

会计报表是企业财务报告的主要部分,是企业向外传递会计信息的主要手段,会计报表是综合反映企业资产、负债和所有者权益的情况及一定时期的经营成果和财务状况变动的书面文件。会计报表是会计人员根据日常会计核算资料归集、加工、汇总而形成的结果,是会计核算的最终产品。它是企业财务报告的主要部分,是企业向外传递会计信息的主要手段。现在的会计报表是企业的会计人员根据一定时期(例如月、季、年)的会计记录,按照既定的格式和种类编制的系统报告文件。随着企业经营活动的扩展,会计报表的使用者对会计信息需求的不断增加,仅仅依靠几张会计报表提供的信息已经不能满足或不能直接满足他们的需求,因此需要通过报表以外的附注和说明提供更多的信息。将这些附有详细附注和财务状况说明书的会计报表称为财务会计报告。目前,铁路要求领导干部,尤其是主要领导学会看懂三张表,即资产负债表、利润表和现金流量表,这三张表也是会计报表的核心。

会计报表附注是以文字的形式,针对会计报表不能包括的内容或披露不详尽的内容所做的进一步解释、补充和说明,以便于报表使用者更好地理解和使用会计信息。会计报表附注是会计报告的重要组成部分,应当按照一定的方式披露,有关信息应当与会计报表项目相互参照。会计报表附注提供的信息十分广泛,会计报表附注至少应当披露如下信息:

(1)不符合会计核算前提的说明。

(2)重要会计政策与会计估计的说明。

(3)重要会计政策和会计估计变更的说明。

(4)或有事项和承诺事项的说明。

(5)资产负债表日后事项的说明。

(6)关联方关系及其交易的说明。

(7)重要资产转让及其出售的说明。

(8)企业合并、分立的说明。

(9)会计报表重要项目的说明。

(10)所得税会计处理方法的说明。

(11)合并报表的说明。

(12)有助于理解和分析会计报表需要说明的其他事项。

在实际工作中,由于需要报告的表外信息越来越多,附注的篇幅就越来越大,导致会计报表仅仅成为财务会计报告中的小部分,但仍然是最重要、最核心的组成部分。

会计报表可以分为以下几类:

(1)会计报表按其反映的内容,可以分为动态会计报表和静态会计报表。动态会计报表是反映一定时期内经营成果和现金流量的会计报表,比如,利润表反映了企业一定时期内所实现的经营成果,现金流量表反映了企业一定时期内现金的流入、现金的流出及净增加数,因此利润表和现金流量表属于动态会计报表;静态会计报表是指反映企业在一定日期资产和权益总额的会计报表,比如,资产负债表反映了企业某一时点上的资产、负债和所有者权益的情况,因此资产负债表属于静态会计报表。

(2)会计报表按其编报的时间,可以分为月度报表、季度报表、半年度报表和年度报表。月度报表简称月报,每月编报一次;季度报表简称季报,每季编报一次;半年度报表简称半年报,每年上半年编报一次,但与月报和季报在部分指标上有一定的差异;年度报表简称年报,每年末编报一次,包括资产负债表、利润表和现金流量表等,要求完整、反映地全面企业的财务状况、经营成果和现金流量情况。

(3)会计报表按其编制的单位,可以分为单位报表和汇总报表。单位报表是指企业在自身会计核算的基础上,对账簿记录进行加工而编制的会计报表,以反映企业本身的财务状况、经营成果和现金流量情况。汇总报表是指由铁路总公司或主管部门(系统),根据所属单位报送的会计报表,连同本单位会计报表汇总编制的综合性会计报表,以反映铁路总公司或本部门(系统)财务状况、经营成果和现金流量情况。

(4)会计报表按其编制的范围,可以分为个别会计报表和合并会计报表。个别会计报表是指仅仅反映一个会计主体的财务状况、经营成果和现金流量情况的报表。合并会计报表是将多个具有控股关系的会计主体的财务状况、经营成果和现金流量情况合并编制的会计报表,该报表由母公司进行编制,包括所有控股公司会计报表的数字。

(5)会计报表按其服务的对象,可以分为对内报表和对外报表。对内报表是指为企业内部经营管理服务而编制的不对外公开的会计报表,它不要求统一格式,没有统一指标体系,如成本表就属于对内报表。对外报表是指企业为满足国家宏观经济管理部门、投资者、债权人及其他有关会计信息使用者对会计信息的需求而编制的对外提供服务的会计报表,它要求有统一的报表格式、指标体系和编制时间等,资产负债表、利润表和现金流量表等均属于对外报表。

二、检查方法

1. 会计报表的审阅

对会计报表的审阅主要包括对会计报表格式的审阅和对会计报表内容的审阅两方面。

对会计报表格式的审阅主要包括:审阅会计报表是否按照会计制度和其他财务制度规定的要求编制;编制手续是否完备,有无编制人员和审核人员的签章。

对会计报表内容的审阅主要包括:审阅报表项目是否完整;各相关项目的对应和勾稽关系是否正确,相关数据是否一致,有无异常变化情况;会计报表是否平衡;报表说明或附注是否对应予揭示的重大问题做了充分披露。

对会计报表的审阅是审计实施阶段一项非常重要而又复杂的工作。在会计报表审阅过程中,审计人员应履行必要的审阅程序,保持应有的职业谨慎,获取充分、适当的证据,以发现可能存在导致会计报表发生重大错报的情况。

一般情况下,对会计报表的审阅程序主要包括以下环节:了解被审计单位及其行业的情况;审阅被审计单位采用的会计准则、会计制度及行业惯例;了解被审计单位的会计系统,特别是确认、计量、记录和报告等环节的程序和具体执行;审阅、查询会计报表中所有重要的认定;分析、发现异常报表项目、异常报表对应关系;审阅会计报表是否遵循了所指明的编制依据或基础;获取并审阅被审计单位的承诺,被审计单位重大的、可能对会计报表编制产生影响的会议、决定的纪要;就会计报表审阅检查中发现的疑问查询被审计单位的有关单位和人员。

审计人员审阅会计报表应保持的必要的职业谨慎主要是指:审计人员如果认为会计报表可能存在重大错报,应继续实施支持这一结论的必要的审计程序;审计人员应当关注可能引起本期会计报表调整、披露的期后事项。

审计实践中,审计人员审阅的会计报表在很多情况下是较为复杂的合并会计报表。相较于对一般会计报表的审阅,审计人员对合并会计报表的审阅要重点关注以下几个方面的内容:在审阅合并会计报表各成员单位的个别会计报表的基础上,对被审计单位合并报表的底稿、抵销分录和其他合并资料进行审阅和分析;对被审计单位合并范围的披露情况进行审阅;对合并会计报表各成员单位的会计报表决算日、会计期间的一致性进行审阅;对合并会计报表各成员单位采用的会计制度、会计政策的一致性进行审阅;对合并会计报表各成员单位的长期投资及收益确认进行审阅;对合并会计报表各成员单位的收入、支出等关联交易进行审阅;对合并会计报表中的外币折算业务的方法和结果进行审阅;对合并会计报表中的少数股东权益和收益进行审阅。

2. 审计中需注意的事项

(1)计提八项减值准备。

会计准则要求企业计提八项减值准备以防止高估资产。

①计提比例发生变化。财务准则对各行业企业的坏账提取比例做出了统一规定,同时修改后的会计准则规定坏账准备的计提方法和计提比例由企业自行确定。

②计提范围得到扩大。例如,以前行业会计制度规定只有应收账款才能计提,修改后的会计准则规定应收票据转为应收账款后也可计提,其他应收款如有确凿证明应收票据不能收回或收回的可能性不大时,将账面余额转入应收账款后方可计提坏账准备。

(2)无形资产的研究开发费用。

国际会计准则将研究与开发分别对待,研究费用计入当期损益,开发费用符合条件的允许资本化。而我国《企业会计准则第 6 号——无形资产》更多地考虑了会计操作的稳健性:由于个别研究和开发计划的未来收益有极大的不稳定性，绝大部分的计划均不能产生可辨认的未来收益；或者尽管能产生可辨认性收益，但研究与开发成本与收益之间不存在直接的因果关系，甚至连间接的因果关系也不存在。因此自行开发的无形资产发生的研究与开发费有在发生时确认为当期费用，只允许将依法取得时发生的注册费、律师费等费用确认为无形资产。

(3)债务重组的重组收益。

债务重组，特别是关联方的债务重组一直是企业利润操作的重要方式，关联方往往主动减免企业债务以抬高企业利润。为了减弱这种情形对会计利润的影响，修改后的准则要求债务人以低于账面价值的现金偿债的金额不再作为债务重组收益，而是全部计入资本公积，如果是损失则必须在当期计入损益；以非现金资产清偿债务的，不再按重组债务的账面价值与非现金资产的公允价值之间的差额确认重组收益，而是将转让的非现金资产的账面价值和相关税费之和与重组债务账面价值的差额全部作为资本公积。

(4)非货币性交易公允价值。

非货币性交易也是企业操纵利润的重要方式，很多“扭亏为盈”的企业，都采用了这种方式。旧企业会计准则规定不同类型的非货币性资产交换，换入资产应按其公允价值作为入账价值。修改后的会计准则规定企业以非货币性交易换入的各项资产，应按换出资产账面价值加上应支付的相关税费作为各项换入资产的入账价值，如果在交易过程中涉及补价的，应按照换出资产的账面价值，加上收到的补价(或减去支付的补价)后的金额，再加上相关税费，作为换入资产的入账价值。这样就有利于防止人为的关联方非货币性交易通过高估换入资产来提升企业经营绩效。

(5)借款费用不能随意资本化。

新会计准则规定，只有因购建固定资产而专门借入的款项才能资本化，并且还要求这笔借款费用支出是为了使资产达到预定可使用状态,而且所必要的购建活动已经开始时发生的。一旦固定资产购建活动停止连续超过三个月,应当暂停借款费用的资本化,将其确认为当期费用,直到资产的购建活动重新开始。如果固定资产达到了可使用状态就应停止费用资本化。其余的借款费用必须“费用化”。预定可使用状态没有严格的定义,各行业、各企业仅靠约定俗成的惯例为标准,一般新建铁路线路以验收交接为标准。

(6)待摊费用。

企业的开办费不应列入资产负债表的“其他资产”项下,而是在开始生产经营的当月一次性计入生产经营当月的损益;若某项待摊费用已经不能使企业受益,应当将其摊余价值一次性全部计入当期成本费用,不得再留到以后摊销。

三、合并会计报表

非运输企业所属二、三级企业众多,近年一直在进行改制、撤并工作,撤销三级及以下企业,实际仍有部分企业未撤销。

合并会计报表审计工作量较为繁重,主要有以下原因。

(1)合并会计报表揭示的会计信息不够充分。合并会计报表大多以母公司理论为依据编制,合并会计报表的少数股东权益栖身于负债和所有者权益之间,从而会计等式改为“资产-负债-少数股东权益=所有者权益”,这恰好是对“资产=负债+所有者权益”会计等式的一种否定。这种理论指导下的合并报表是为掌握有大多数股权的母公司服务的。因此,对少数股东来说,从合并报表中得到的信息较少,要获得这些资料,少数股权的股东,只能利用各子公司的报表资料。

(2)合并会计报表难以满足债权人的需求。合并会计报表突破了传统会计主体理论,反映的对象是若干法人组成的经济主体。母公司和子公司以及各子公司之间,没有法律关系,这与法律上的主体相矛盾。对母公司和各子公司的债权人来说,合并会计报表上提供的有关偿债能力的信息,如资产负债率、流动比率、速动比率等可能都不准确,没有多大参考价值,难以做出有关决策。因为,合并会计报表反映的是母公司和子公司组成的企业集团的财务状况和经营成果。如果一家公司的财务状况不好,可能被财务状况好的公司所抵消,因此,合并会计报表反映的资产负债等要素,只是一个虚值。

(3)合并会计报表信息缺乏可比性。市场经济条件下,企业集团向多元化发展,跨行业、跨地区、跨领域的经营模式成为企业集团的发展趋势。而在我国现阶段现行的会计制度下,不同行业在会计政策以及会计核算方法和内容、会计报表内容和项目上存在很大差别。母公司在编制合并报表时,如果不考虑行业特点而简单相加,必然造成合并会计报表反映的会计信息缺乏可比性。会计息信息使用者难以利用合并会计报表了解企业集团的经营状况,而且很容易误导报表使用者,造成错误决策。

此外,合并会计报表还存在着诸如合并会计报表反映的信息与税法等相关法律不一致,会计信息的披露范围有限,以及个别会计报表的质量影响着合并报表的质量等不足和缺陷。

我国合并会计报表的理论和实务还不够完善,应不断借鉴世界各国的先进思想及成果,完善自身的理论及实务,提高合并会计报表的质量,为企业集团管理层提供可靠的会计信息,真正帮助使用者进行决策管理。

统一企业集团的会计政策,对国家在相关法规中明确规定会计政策必须严格遵守执行,统一规定企业集团内的会计制度原则、法律法规及制度。根据自身特定的经营环境和经营状况,对各集团内会计行为加以规范,加强集团内部的会计控制规范,明确规定财务部各个岗位的权限及职责,由经济事项有关各方相互联系且互相制约。根据法律、法规及规章制度,定期或不定期对会计部门、审计部门及相关联岗位的工作执行情况进行检查。各部门相互监督、相互制约,严防错弊行为,加强对个别会计报表真实完整的监督,确保个别会计报表的可比性和一致性,保证合并会计报表的质量。

对合并会计的内部审计一般不作为审计重点,国有企业逐级管理模式导致内部经营业绩完成情况也按层级考核。内部交易、关联交易等抵消、处理的合规性仍有待提高。

第七节　全面预算管理

全面预算管理是以企业经营目标为中心,实现企业资源优化配置,提高企业经济效益的先进而科学的内部管理控制办法。全面预算管理强调和突出企业经营目标的纲领性、整体性、综合性和全员性,使企业的一切生产经营活动围绕经营目标开展并纳入预算管理,通过预算编制、分解下达、过程执行、控制调整、分析考核,从而达到企业总体目标明确、各部门协调一致,以实现对企业经营活动的有效控制。

基层单位是全面预算管理的具体实施单位,负责制定本单位预算管理办法,提报本单位预算建议,根据上级部门下达的预算指标,结合本单位的实际情况,制定本单位预算执行的有关规定和具体实施方案,将预算指标分解落实到车间、班组、岗位,努力完成生产指标,最大限度地降低成本支出。

一般按照各铁路局集团公司为利润中心,基层站段等单位为成本中心的原则,划分全面预算管理责任主体。

单位负责人是本单位预算管理第一责任人。总会计(经济)师协助单位负责人管理本单位全面预算工作,对预算管理负领导责任。相关综合和业务部门负责人负直接责任。

铁路企业预算的主要内容包括财务预算、生产预算、固定资产投资预算、人力资源和劳动报酬预算等。

一、运输企业的财务预算

1. 利润目标预算

利润目标预算包括构成企业利润总额的运输经营利润、其他业务利润、多经利润以及对外投资收益等。

2. 运营收支预算

运营收支预算包括运输总收入预算、运输营业收入预算、运输总支出预算等。

(1)运输总收入预算的主要指标包括旅客票价收入、货物运费收入、电气化附加收入、保价收入、客货运其他收入、铁路建设基金,以及客货收入的相关收入率等。

(2)运输营业收入预算的主要指标包括《铁路运输进款清算办法》规定的各项清算项目和运输企业间委托运输管理的清算收入。

(3)运输总支出预算的主要指标包括人工成本、折旧、维修、机车能耗、各项设备运用和修理等直接支出、间接生产费、管理费、财务费用、营业外支出、付费支出等,以及各项支出定额和单位变动支出。

3. 其他经营收支预算

其他经营收支预算包括企业其他业务收支、多种经营收支和投资收益等预算。

4. 资金预算

资金预算包括经营性资金和投资性资金流入、流出总量、资金筹集总量、筹集方式、时间以及资金运用中发生的资金成本。

二、运输企业生产预算

1. 运输工作量预算

运输工作量预算包括:旅客发送量、旅客平均行程、客运周转量、图定客车开行方案(对数、等级、编组、径路)、临客开行方案、旅客列车上座率；货物发送量（按品类、重点企业）、货物平均运程、货物周转量；换算周转量等。

2. 设备运用预算

设备运用预算包括机车、客车（含动车组）和货车运用型号、数量、完成工作量、运用效率和消耗等。

（1）机车运用预算的主要指标包括：分机型配属数量、时间；分机型、分客货总重吨公里、调车机工作量、机车交路、总走行公里、货运列车平均总重；分客货运用机车台日、货运机车日产量、日车公里、单机走行率；分机种、分客货的单耗等。

（2）客车运用预算的主要指标包括：分车型配属数量、时间；旅客列车千辆公里、车辆利用率；空调车用油单耗等。

（3）货车运用预算的主要指标包括：运用车、现在车数量；货车静载重、货车日产量；货车周转时间、空率等。

3. 设备修理预算

设备修理预算包括运输生产中运用的各项移动设备和固定设备的修理技术标准（范围）、修理工作量、施修单位、方式、完成时间等。

三、运输企业固定资产投资预算

1. 基建项目投资预算

基建项目投资预算包括：投资项目、投资主体、项目总规模、分年度投资进度；当年交付投产项目、资产数量、金额、时间等。

2. 更新改造投资预算

更新改造投资预算包括投资项目、新增资产数量、金额、时间，以及既有资产中需报废的类别、数量、金额和时间等。

3. 机车车辆购置（含车载设备等）预算

机车车辆购置（含车载设备等）预算包括购置车辆的车型、机车的机型以及相应的数量、金额和时间等。

四、运输企业人力资源和劳动报酬预算

运输企业人力资源和劳动报酬预算主要包括:用工总量(分别运营、其他业务、多经、建设等单位的用工人数、职工人数、其他从业人数)、运输业劳动生产率、劳动用工报酬总量(与用工总量口径一致的职工工资总额、其他从业人员劳动报酬等)、人均工资和职工工资增长幅度等。

编制全面预算应从企业总体经营目标出发,在充分进行调查研究的基础上,综合分析当前企业拥有的各项资源状况、以往年度经营情况、内外部经济政策、经营活动的重大调整变化情况,根据国家和铁路总公司有关规章制度、企业各项消耗定额、费用标准、内部清算办法等,充分挖掘生产经营潜力,在考虑各项预算之间关系的基础上,统筹各项资源,综合平衡编制各项预算。

铁路局集团公司正式预算应与铁路总公司的经营业绩目标和有关生产经营计划、生产任务指标相协调。铁路局集团公司所属各单位年度正式预算应与铁路局集团公司下达的下列指标、预算相衔接。具体各项预算的编制依据如下。

(1)财务预算的编制依据。

①利润目标预算要在对企业经营中各项重大影响因素综合分析的基础上,按照企业总体发展需要确定。

②运营收支预算根据运输生产预算、固定资产投资预算、人力资源和劳动报酬预算有关指标和影响经营收支相关变化因素,以及财务规章制度等综合平衡编制。运营收支预算应保证企业经营目标的实现。其中,运输收入预算、营业收入预算、运输总支出预算的编制依据如下。

运输收入预算应根据运输生产预算中的运量指标和以前年度旅客收入率、货物收入率,考虑客车编组、等级、图定,货物运输品类构成变化情况,新增电气化铁路区段、预算期内旅客票价和货物运价变

化情况编制。

营业收入预算应根据铁路总公司公布的《铁路货物运输财务清算办法》《铁路运输进款清算办法》(铁财〔2005〕16号)所对应的各企业营业清算项目及公布的清算单价编制。

运输总支出预算由财务部门和相关各业务部门沟通协调,根据运输生产预算、固定资产投资预算、人力资源和劳动报酬预算安排的年度运输生产任务、固定和移动设备的数量、具体状况、劳动人员数量、工资水平变化情况等,在综合平衡收支财力和设备运用效率的基础上确定。在运输总支出预算中,人力资源和劳动报酬预算、运输设备维修预算单独编制,以总额形式反映在运输总支出预算中。

③其他经营收支预算在业务清晰、规范的基础上,根据业务量预算和保证利润目标的原则确定。

④资金预算应根据上述各项经营收支预算、固定资产投资预算和资本、资金市场情况,并充分考虑企业财务结构状况和风险承受能力确定。

(2)运输生产预算的编制依据。

运输工作量预算应根据企业发展规划、市场需求调查情况和预算期固定资产投入、运输组织优化和设备效率提高等因素,并统筹考虑各地区的具体情况确定。

设备运用预算要在既有设备不足的情况下,提出新购置设备预算(包括车种、车型、数量、时间等)。既有机车车辆加装改造项目、数量以及报废机车车辆类别、数量等。设备运用预算应根据运输工作量预算有关指标、既有和新投入设备情况、效率提高要求和生产力布局调整等因素确定。

设备维修预算应根据既有、新增和减少的设备数量和状态、技术政策、运用情况,按照修程修制规定、修理能力以及同期更新改造、基建等投入统筹安排。

(3)固定资产投资预算的编制依据。

基建项目投资预算应根据路网规划、运输生产需要、工期要求、资金筹集能力和设计施工能力,在充分考虑社会效益和经济效益的基础上统筹安排确定。

更新改造投资预算应根据运输生产要求、既有设备运用情况和技术政策,并结合基建、大修预算安排,按照轻重缓急程度确定。

机车车辆购置(含车载设备等)预算根据装备购置规划、装备技术进步和结构调整、既有线提速及电气化改造、新线竣工投产等对装备的需求,并考虑制造周期等情况将购置规模分解安排,确定年度购置预算。

(4)人力资源和劳动报酬预算的编制依据。

人力资源和劳动报酬预算应根据运输生产预算、固定资产投资预算有关指标、国家和铁路总公司工资分配政策,综合考虑劳动组织改革和劳动生产率提高要求、员工素质和数量变化等情况,以及劳动用工报酬待遇要求和企业承受能力确定。

五、全面预算编制的程序

全面预算的编制一般采取"自下而上、自上而下、两上两下、上下结合"的程序。具体程序如下。

(1)全面预算管理日常机构经与有关部门协商,确定全面预算编制方案,报铁路局集团公司领导批准后,组织有关单位和部门逐级编制建议预算。

(2)各单位、部门自下而上报送建议预算,由全面预算管理日常机构对单项预算进行审核、协调、衔接和平衡,形成全面预算草案。

(3)根据铁路总公司下达经营业绩和有关运输生产预期目标,由全面预算管理日常机构按照"运输利润目标刚性、以收定支、局部利益服从整体利益"的原则对预算草案进行协调、平衡,单项预算草案与企业预算目标不一致时,由全面预算管理日常机构与有关部门进行协商解决,如达不成一致意见,报铁路局集团公司相应分管领导协调解决，如分管领导之间也达不成一致意见，则由全面预算管理日常机构报铁路局集团公司全面预算管理委员会主任，由全面预算管理委员会主任做出决定。全面预算管理日常机构对预算草案做进一步修改完善，报铁路局集团公司全面预算管理委员会审议通过后，提交铁路局集团公司党政联席会议批准下达。

(4)全面预算批准下达后，铁路局集团公司所属各单位要将铁路局集团公司下达预算目标进行分解，按照纵横结合的原则，横向要分解落实到有关业务部门，纵向要逐级分解到各基层单位和车间、班组，做到目标明确、责任清楚、层层落实。

(5)各单位将本单位全面预算上报铁路局集团公司，由铁路局集团公司全面预算管理日常机构核备。

六、全面预算项目之间的平衡关系

全面预算中各项预算内容的构成指标之间存在着直接或间接的数量关系。在预算平衡中，要首先挖掘现有资源潜力，统筹财务资源，通过提高资产运用效率、劳动生产率、支出效率、资金效率和节能降耗以及规范企业管理行为，促进内涵扩大再生产和集约经营，实现低成本发展。在预算安排时，各项预算之间需要统筹考虑以下主要关系。

(1)运输工作量与运输收入的关系。

按照相关指标之间的数量关系，从客货运量的预算编制入手，以一定数量的客、货运发送量、平均运(行)程指标(客货周转量)和相对应的收入率可测算确定客货运收入目标。在各项预算的平衡中，要统筹考虑实现企业经营目标的需要。

(2)运输工作量与运输设备、劳动效率的关系。

为完成运输工作量、取得运输收入，需要有相应的设备和人员投入；为完成货物周转量，要发生货车、货运机车以及其他相关设备和人员的运用；这些设备的投入和运用效率，反映在生产设备的效率指标上，如客车上座率、客车车辆上座率、机车日产量、列车平均总重、货车净载重、货车周转时间等；劳动效率体现为劳动生产率。在运输工作量确定的情况下，设备的质量和运用效率指标决定需要投入设备的数量和相应的价值量。劳动关系指标决定需要投入的人员数量。

(3)运输工作量、运输设备、劳动生产率与运输支出的关系。

为完成运输工作量而投入的设备运用、人员和作业过程中，必将发生各种耗费，形成各项标准作业消耗定额，最终形成运输总支出。通过提高设备使用效率，在完成同等运输工作量的情况下，可减少设备占用和人员数量，则相应减少运输总支出。

(4)运输工作量、运输设备效率、投资和运输支出的关系。

当现有的设备按照一定的使用效率计算无法满足完成运输工作量所需要的数量时，一方面可通过在现有基础上进一步提高设备使用效率来解决；另一方面是通过增加投资新增设备来解决，这种方式需要相应增加新增设备所带来的设备折旧、养护费用、筹资成本以及人工费用等。为此，需要通过投入产出效益的测算，来确定是否有必要增加投资。一经通过投资增加了运输能力、设备数量，提高了设备质量，就应当相应增加运输工作量、增加收入，并要获得预期的效益。

七、全面预算的执行

预算一经确定下达，必须严格执行。各级、各部门应将预算指标对应的工作量、定额、标准、金额等逐级进行横向和纵向的分解落实，直至对完成预算指标有控制能力的最小责任单位和个人，同时要分析预算执行的重点和难点，制定有针对性的措施办法和量化指标一并落实，保证预算完成。在分解落实中，不得出现预算指标缺口。

八、全面预算的控制

预算控制要以消除隐患、防范风险、规范管理、提高效益为宗旨，要渗透到运输生产的每一过程、每一环节、每个部门和每个岗位。要将事前、事中、事后的控制措施、手段有机地结合。预算控制的主要内容如下。

(1)对运输生产过程的控制。

运输生产过程既是完成运输工作量(产品)的过程,也是运输收入、运输支出产生的过程,同时也是运输利润形成的过程。生产过程的协调、高效才能带来高收入、低成本,为企业创造良好的效益。因此,要将对运输生产过程的控制作为预算控制的主要内容和重点,优化运输组织,提高设备运用效率和劳动生产率,减少资源的占用和浪费。

铁路企业生产具有调度统一集中、半军事化等特点,审计部门对生产过程控制及提效挖潜的监督目前仍缺乏有效的监督手段。

(2)对运输收入的控制。

运输收入是运输营业收入的主要来源,运输收入能否完成预算目标,关系到营业收入预算、营业支出预算及运输利润预算能否完成。加强对运输进款收入的控制,不仅要对收入的总额进行控制,而且要对运输收入的质量,即对客运的人收入率、货运的吨收入率和吨公里收入率进行控制,不断提高收入质量。

(3)对运输支出的控制。

运输支出是企业经济利益的耗费和流出。以最小的投入换取最大的收益,是运输支出控制的主要目标,是完成预算目标的保证。必须严格控制生产性支出,大力压缩非生产性支出,杜绝一切形式的浪费。对生产性支出的控制主要是制订科学的消耗定额,降低物资消耗。对非生产性支出的控制主要是加强制度建设,提高职工控制成本费用的意识,严禁职工私自占用公用资源和浪费资源。

(4)对资金的监控。

资金监控的内容包括:一是加大资金的调配力度,平衡资金状况,合理利用资金,发挥资金的最大效益;二是监控资金运用状况,制止不合理的资金投向;三是加强资金的回收管理,提高资金周转效率。

(5)对固定资产投资的控制。

对固定资产投资的控制主要是指监控投资过程中是否存在变动建设规模、标准,浪费资金,重复投资的情况,投资资金是否到位,是否存在自行改变用途、挪用资金的情况。资产投资效益将是未来的审计重点。

九、全面预算的监督

各部门要通过信息管理系统、定期报表报告、内外部审计等渠道及时检查、监督各项预算的执行情况和执行结果,加强对预算完成情况的动态控制。财务部门要通过资金限额管理等方式,控制经营支出和投资预算的执行。对预算执行过程中发现的问题及时进行预警、报告和纠正。

近年来,内部审计机构加大了对预算编制及执行情况的审计力度,取得了良好效果,保证了预算的严肃性。预算管理在铁路内部管理中的作用越来越凸显。

第八节 合同管理

一、合　同

合同又称为契约、协议,是平等的当事人之间设立、变更、终止民事权利义务关系的协议。合同作为一种民事法律行为,是当事人协商一致的产物,是两个以上的意思表示相一致的协议。只有当事人所作出的意思表示合法,合同才具有法律约束力。依法成立的合同从成立之日起生效,具有法律约束力。

合同是适应私有制商品经济的客观要求而出现的,是商品交换在法律上的表现形式。商品生产产生后,为了交换的安全和信誉,人们在长期的交换实践中逐渐形成了许多关于交换的习惯和仪式。这些商品交换的习惯和仪式便逐渐成为调整商品交换的一般规则。

合同一般包括以下八方面主要条款:当事人的名称或者姓名和住所,标的,数量,质量,价款或者报酬,履行期限、地点和方式,违约责任,解决争议的方法。其中违约责任、解决争议的方法是比较容易遗漏的条款。采购合同的到货时间、方式和地点,销售合同的收款、发货时间,租赁合同的押金、租金交付方式、时间等都是应重点关注的条款。

二、审计中应关注的重点内容

现在各铁路局集团公司都设有企业法律部门,铁路基层单位签订的重要合同均需上级专业部门审批,在合同诈骗方面及法律漏洞方面基本不会出现太大问题,且合作单位一般多是长期合作伙伴,需要关注的是经济业务本身的真实性以及是否存在利益输送的问题。

(1)对变更或者解除的合同必查,应检查合同的变更或者解除是否符合法定条件;变更或者解除的形式是否合法;相关手续是否完备。对发生纠纷的合同必查,检查合同纠纷的处理是否及时、合法、合理;审查经济合同违约责任是否按法律规定或者合同约定进行及时、合理、合法的处理。

(2)要重点关注合同条款中对违约责任和解决争议的方法是否做了明确合理的约定。违约责任的约定中,是否约定有明确的违约金或者违约金的计算方法;对潜在的纠纷预测是否全面,违约责任是否对应潜在的违约形态,违约责任形式是否可操作,是否足以挽回损失;纠纷解决方式是否明确,关于诉讼或仲裁管辖是否存在无效情形的问题(多数合同都注明,产生纠纷的受理法院为铁路运输法院)。

(3)检查价款的支付时,要关注合同中对价款的有效约定。例如,商品销售方应审查对方是否有按时支付合同款的能力,是否存在先供应商品后收款的情况,尤其是合同中是否出现“货到后付款”之类的低级错误。商品买受方应要求价款的支付应与产品的供应量和供应时间相配应,是否存在价款先支付后供货的条款。

(4)关注在合同中比较容易忽视的如下问题:与执行该合同相关的营业税、个人所得税等税金的代扣代缴的问题,特别是与个人或者外方签订的合同;与执行该合同相关的服务及后续服务的要求及相关费用的承担问题;合同执行过程中可能存在的风险的分担问题等,特别是技术服务或者技术转让合同。

(5)合同管理中容易忽略的几个风险点:合同约定期限是否超过法定规定的期限而丧失《中华人民共和国合同法》规定的一些法定权利;委托代理人的授权委托书是否有效,即委托事项、权限、期限是否与所签合同的内容相一致;是否存在驻外机构(如销售采购业务)持有加盖企业合同专用章的空白格式合同,以方便其在适当的时候签订合同的情况;除合同专用章的管理外,企业公章的管理是否规范(因为在法律上,签订合同时盖公章或合同专用章均有法律意义,即使没有企业法定代表人或者授权人的签字,只要盖上了公章或者合同章,该合同对该企业就有法律约束力);对企业主要负责人或合同管理关键岗位人员的岗位变动情况是否有必要的风险防范措施,如将离职离岗人员情况及时明确告知与企业有主要或者重要经济往来关系的客户等。

第六章　铁路基层单位资产审计

重资产是指企业所持有的，例如厂房、土地、原材料等有形的资产。重资产企业指重资产持有较多，所占比重大，以较大的资金投入，获得较少的利润回报，利润率较低的企业。铁路企业整体来讲是传统的重资产型企业，至 2016 年末，中国铁路总公司注册资金 10 360 亿元，资产总计 7 251 261 百万元，其中流动资产 594 261 百万元（天职国际会计师事务所公开公布资料）。如此庞大的资产如何有效地管理，确保国有资产保值增值，创造经济效益，是每个管理层级、每名管理者都需要深入研究，不断探索的。《铁路企业国有资产管理办法（试行）》（铁财〔2012〕22 号）中明确指出铁路企业国有资产遵循国家所有、分级管理、授权经营、分工监管的原则。原铁道部作为国铁企业主管部门，依据国务院对铁道部的职责设定和财政部授权，对国铁企业国有资产履行下列监督管理职责：

（1）监管国有资本保值增值情况，防止国有资产损失，维护出资人权益。

（2）办理国铁企业及其子企业重大产权转让、无偿划转和公司制改建等国有权益变动事项的审核或审批。

（3）协助财政部组织实施国铁企业的清产核资和产权登记；组织国铁企业各级子企业的清产核资和产权界定，办理国有资产产权登记。

（4）办理国铁企业及其各级子企业资产评估的审核或备案，指导国铁企业开展资产评估。

（5）制定国铁企业财务考核指标，组织国铁企业国有资本金效绩评价。

(6)指导和督促国铁企业建立健全国有资产管理制度和实施细则。

(7)法律法规规定的铁路企业国有资产管理的其他职责。

原铁道部改制后由中国铁路总公司继续履行相应职责。

第一节 库存现金

一、库存现金的概念

库存现金是指单位为了满足经营过程中零星支付需要而保留的现金,对库存现金进行监督盘点,可以确定库存现金的真实存在性和库存现金管理的有效性,对于评价企业的内控制度将起到积极作用。

库存现金限额是指为保证各单位日常零星支付按规定允许留存的现金的最高数额。库存现金的限额,由开户行根据开户单位的实际需要和距离银行远近等情况核定。其限额一般按照单位 3~5 天日常零星开支所需现金确定。边远地区和交通不便地区的开户单位的库存现金限额,可按多余 5 天、但不得超过 15 天的日常零星开支的需要确定。

一个单位在几家银行开户的,由一家开户银行核定开户单位库存现金限额。凡在银行开户的独立核算单位都要核定库存现金限额;独立核算的附属单位,由于没有在银行开户,但需要保留现金,也要核定库存现金限额,其限额可包括在其上级单位库存限额内;商业企业的零售门市部需要保留找零备用金,其限额可根据业务经营需要核定,但不包括在单位库存现金限额之内。库存现金限额的计算方式一般是:库存现金=前一个月的平均每天支付的数额(不含每月平均工资数额)×限定天数。

企业现金的收入、支出和保管都应由出纳人员或指定的专门人员负责办理。企业的一切现金收支,都必须取得或填制原始凭证,作为收付款项的书面证明。例如,企业向银行提取现金时,要签发现金支票,以“支票存根”作为提取现金的证明;将现金存入银行,要填写解款单,以银行退回的“解款单回单”作为收款的证明;支付零星小额的开支,以发票作为付款的证明;收入小额销售货款,以销售部门开出的“发货票副本”作为收款的证明;支付职工差旅费的借款,应以有关领导批准的“借款单”作为付款的证明;发放职工困难补助费,要以“支付单”作为付款的证明等等。所有这些作为现金收支的原始凭证,会计部门都要进行认真的审核。

审核现金收支是否合理、合法,手续是否完备,所列项目内容是否齐全,数字是否准确,等等。在审核中,对于那些不合理的开支应予以拒付;对不真实、不合法的原始凭证,不予受理;对记载不准确、不完整的原始凭证,应当退回,要求更正补充。根据审核无误的原始凭证编制收款凭证和付款凭证,办理现金的收付。对于办完现金收付业务的凭证,出纳人员要加盖“现金收讫”或“现金付讫”的戳记,表示款项已经收付完毕,可据以登记有关账簿。

由于网上银行、公务卡、微信、支付宝等多种支付方式的发展,一般单位已经很少使用现金报销。单位出纳金柜多用于存放票据、印鉴等。

目前铁路基层单位中部分生产车间地理位置偏远,会存在借支备用金的情况;部分单位食堂也存在借支备用金,使用现金的情况,因此监盘现金仍有一定现实意义。

二、检查方法

一般审计人员监盘金柜不会事先通知,临时性抽查更能反映单位实际管理情况。监盘范围不局限于财务金柜,用于存放公款的保险柜、车间、班组现金收款、借支的备用金等等均可监盘。

(1)库存现金实物监盘有多处存放点时,应安排同时进行或先封存再逐个监盘;不可遗漏对现金支票和转账支票存根、作废存根和空白支票的检查,检查是否有把作废的转账支票存根附在记账凭证后作为附件;对性质重要或金额较大的转账业务,应检查实际转出与转账支票存根上注明的转入单位是否一致,并应尽量到银行或收款方进行核实,以确认该款项是否真正支付给存根联所标明的收款方。

(2)银行票据检查中应注意:银行汇票的收款人或被背书人是否与实际收款人一致;汇票和解讫通知是否齐全一致;背书人证件上的姓名是否与背书相符;银行汇票是否存在逾期而银行不予兑付的风险;收取或签发的商业汇票交易内容是否合法;承兑期限是否符合法定时间;如属分期付款,是否一次签发若干张不同期限的汇票;收取或签发支票的有效期是否符合规定。

(3)应分析被审计单位货币资金的构成形式,检查是否存在定期存款、股票国债投资、委托理财等问题;同时应注意是否有经批准的证券投资、委托贷款等具有风险性的投资资金在银行存款科目中进行核算;若有定期存款,应尽可能对银行进行函证或亲自到银行进行调查,核实定期存款是否真实存在,有无质押、担保等情况。

(4)应结合检查其他账户发现问题。如通过对固定资产明细账的审计或实地查看、实物检查等方法,掌握资产的出租、清理、变卖等情况,查找相关收入在账上是否有反映,收入是否完整;检查“长期投资”“短期投资”等投资类科目,查证投资内容是否真实,是否存在转移资金问题,投资收益是否及时完整回收;检查非投资类科目如“其他应收款”“应收账款”等往来账,是否存在违规出借资金或投资情况以及套取、转移现金、个人长期借款占有企业资金,化公为私等行为。若存在,还应追踪其利息收入、投资收益去向等。对长期挂账款项,应注意是否存在资金已回收,但资金未在账面反映的情况;检查“应付账款”“其他应付款”等债务类科目,关注是否存在应当属于收益性质而挂账的情况,并跟踪收益的完整性。

第二节　银行对账单

银行对账单是银行和企业核对账务的联系单,也是证实企业业务往来的纪录,也可以作为企业资金流动的依据,还有最重要的是可以认定企业某一时段的资金规模,很多地方需要对账单,例如:验资、投资等等。通过对银行账户、银行对账单的检查可以核实单位银行存款情况。

一、银行对账单的概念

银行对账单是指银行客观记录企业资金流转情况的记录单。就其用途来说,银行对账单是银行和企业之间对资金流转情况进行核对和确认的凭单,具有客观性、真实性、全面性等基本特征。

任何企业和单位自成立起要在银行开设银行账户,企业的资金通过银行进行收付结转。铁路企业一般在内部资金结算中心开设内部结算账户。银行对账单是两个完全独立经济实体对同一事项进行核对的直接凭单,从其客观的存在和发生来说,银行对账单具有普遍的客观性。随着银行系统的升级与单位网上电子银行账户的开立,越来越多的单位利用电子对账单进行对账,纸质对账单逐步退出历史舞台。

进行内部审计时,审计人员可以根据需要,要求被审计单位提供纸质对账单或直接去单位开户银行打印银行对账单。

二、检查方法

银行对账单有助于企业防范风险。企业将银行存款日记账与银行对账单核对时往往出现两者余额不同的情况。企业应该先分析未达账项,排除未达账项的影响后,两者的余额仍不符时,再分析是否是由操作风险、管理风险或外部风险导致的。

未达账项是指银行和企业对同一笔款项收、付款业务,因记账时间不同,而发生的一方已经入账,另一方未入账的款项。企业在编制银行余额调节表后,就可以排除未达账项的影响。因为银行对账单与银行存款日记账的余额在月末、季末、年末时很少有一致的情况,所以企业在编制银行存款余额调节表时会产生差异,从而形成未达账项事项,并容易影响到正常的税款缴纳。其主要有以下几种情况。

(1)银收企未收。要查明款项来源和性质,必要时与合同相核对,以确认是否属于应转未转的收入,特别是企业有避税要求和在各会计期间之间平衡利润要求的企业,对于大额银收企未收款项,要进行进一步的审查。

(2)银付企未付。要查明款项去向和性质,确认是否属于应计未计的费用,对于这种情况的长期未达账项要保持足够的敏感性,确认是否属于挪用资金或相关违规行为。必要时,可以向款项的去向单位证实交易的性质。

(3)企付银未付。要查明款项的去向和性质,确认是否属于虚转成本,减少企业的利润。必要时,可以向对方单位证实交易的性质。

(4)企收银未收。要查明款项来源和性质,特别关注款项的真实性。必要时,可以向对方单位证实交易的性质以确认是否属于虚构收入。

编制银行余额调节表的作用是:

(1)有助于企业防范操作风险。操作风险主要包括:企业会计人员计算记账金额时出现的运算错误,登记账户的错误,以及银行操作人员记账错误等。

(2)有助于企业防范管理风险。管理风险是指由于企业内部控制制度设计有缺陷或者是缺乏必要的内部控制制度,使得企业的内部工作人员有机会侵占企业的资金。内部人员侵占企业资金可能会通过两种方式:现金或转账。

银行对账单的审查方法是:

(1)以逻辑关系审查为基础。

取得本期全部银行对账单,根据重要性程度,结合专业判断,对与企业银行对账单相关联的银行日记账、银行存款未达账项调节表和现金流量表等资料进行核对,发现疑点,找出问题,把握企业资金整体运转情况,判断银行对账单的真伪,并对企业的重要疑点和问题做好重点审查的准备。

(2)以对侧重点的审查为方向。

由于银行对账单全面反映了企业所有业务资金流转情况,要对每一笔资金流转情况进行审核,不仅工作量大,而且产生的效果也不会理想。因此,为了减少核对工作量,提高审核效率,一方面在审查中可以确定核对金额的下限,将限额以上的资金和有关资料进行核对;另一方面可以只核对银行对账单贷方发生数,把握住重点问题。

(3)以确认资金性质审查为目的。

对企业银行对账单税务审查的疑点,不仅需要结合企业账簿、凭证和合同进行核对,同时,还需要对涉及的资金流向进行跟踪和核查,把握了企业疑点资金的来源和去向,就是把握住了问题的要点。

对内部审计而言,在内控制度执行较好的单位,由会计人员勾挑银行对账单,稽核人员对未达账项重点核实,一般不会存在问题。

这里特别要说明的是铁路总公司对大中型铁路基建项目建设资金管理与使用的审计项目要求勾挑被审计单位全部银行对账单,对审计组来说工作量非常巨大。选择合适的方法进行对账,可以提高工作效率,减少失察可能,降低审计风险。

第三节　存　　货

一、存货审计方法

1. 存货管理

一般主业基层单位都有高价耐用品、低值易耗品、材料等存货,各有不同的管理制度、要求，不同的管理部门。辅业生产性的企业还有在产品、产成品、在途商品、包装物等存货。

单位确定存货的实物数量有两种方法：一种是永续盘存制；另一种是实地盘存制。

(1)永续盘存制。

永续盘存制也称账面盘存制，就是通过设置存货明细账，对日常发生的存货数量与金额的增加或减少(金额取决于会计主体所采用的方法先进先出法、加权平均法、个别计价法)，都必须根据会计凭证在账簿中进行连续登记，并随时在账面上结算各项存货的结存数并定期与实际盘存数对比，确定存货盘盈盘亏的一种制度。

从加强存货的管理，提供管理所需会计信息的角度出发，除特殊情况采用实地盘存制外，应尽量采用永续盘存制。公式为：

存货账面期末余额=存货账面期初余额+本期存货增加数-本期存货减少数

永续盘存制的优点为：

①该方法通过存货的明细账记录，可随时反映某一存货在一定会计期间内收入、发出及结存的详细情况，并在数量和金额两方面对存货的管理与控制。

②明细账、卡的结存数量，可以通过盘点与实存数量进行核对。当发生库存溢余或短缺，可以查明原因，及时纠正。

③明细账、卡上的结存数，还可以随时与预定的最高和最低库存限额进行比较，取得库存积压或不足的资料，以便及时组织库存品的购销或处理，加速资金周转。

永续盘存制的缺点为：相对于实地盘存制而言，永续盘存制下存货明细账的会计核算工作量较大，尤其是月末一次结转销售成本或耗用成本时，存货结存成本及销售或耗用成本的计算工作比较集中；采用这种方法需要将财产清查的结果同账面结存进行核对，在账实不符的情况下还需要对账面记录进行调整。

(2)实地盘存制。

实地盘存制又称定期盘存制、以存计销(商业企业)、以存放耗(工业企业)。通过对期末库存存货的实物盘点,确定期末存货和当期销货成本。一般只是用于核算那些价值低和数量不稳定损耗大的鲜活商品。公式为:

本期减少数=账面期初余额+本期增加数-期末实际结存数

期初存货+本期购货-期末存货=销货成本

实地盘存制的优点为:实地盘存制的优点是核算工作比较简单,工作量较小。缺点为:手续不够严密,不能通过账簿随时反映和监督各项财产物资的收、发、结存情况,反映的数字不精确,仓库管理中尚有多发少发、物资毁损、盗窃、丢失等情况,在账面上均无反映,而全部隐藏在本期的发出数内,不利于存货的管理,也不利于监督检查。因此,实地盘存制只适应数量大、价值低、收发频繁的存货,与永续盘存制相比安全性较低。

2. 实物盘点

审计实务中,对被审计单位账面实物进行盘点是审计人员惯用的审计方法,也是一种防范舞弊比较有效的审计方法。但被审计单位对实物盘点一般不够重视,使该方法得不到充分重视与运用,使审计效果有所折扣。内部审计的实物盘点指对固定资产、高价耐用品、低值易耗品、存货的监盘。

实地盘点法是运用度、量、衡等工具,通过点数,逐一确定被清查实物实有数的一种方法。

实地盘点法的优点是适应范围较广,大多数财产物资都可采取这种方法,并且这种方法数字准确可靠。实地盘点法的局限性是工作量较大,只适用于能直接查清数量的财产,对于应收账款等项目则不适用。

一般在审计过程中,有时为了保证存货账面金额的正确性,对其提供的有关盘点资料缺乏认真仔细的分析性复核,便直接将获取的单位盘点资料作为审计工作底稿,从而产生了潜在的审计风险。

另外,在日常审计过程中,容易忽视对在产品和异地库存货(存放在外地存货)的盘点,也容易产生审计风险。对在产品由于不同的行业有不同的产品生产特点,使得我们在确定在产品的数量和金额上有一定的困难,于是在财务资料正确的情况下以账面数量和金额作为审定数量和金额,这样也容易带来审计风险。

由于多数情况下存货盘点比较艰苦,盘点也比较繁杂,使得审计人员容易产生畏难和烦躁情绪,从而放松对存货的监督盘点,这样也容易带来审计风险。

以设备单位材料管理为例,设备单位材料支出占成本的比重很大,因此加强材料管理是降低成本的有效途径,材料也成为成本调剂的主要方向。在审计材料时,首先要了解材料申请、材料采购、材料验收、材料领用的各个流程。目前各单位的材料管理方式不尽相同,要根据单位具体情况进行分析查证。其次要收集业务部门的基础资料,如材料申请计划、供应商目录和供应价格、材料入库验收登记本、材料限额领用标准等。最后要充分利用材料管理系统的数据,要求被审计单位导出材料收入、支出和结存情况明细表,再使用电子表格的数据筛选和分析功能对材料情况进行以下判断分析。

一是对单位价值高的,支出数量大的材料项目,尤其对于一次性材料收入然后全额发出材料的业务予以重点关注;二是将审计年度与上年同期比消耗量增幅较大的材料选择前5~10个种类进行重点查证,但不要混在一块,而应按核算科目分成日常维修、设备整治、外委业务分别进行分析,这样可以根据实际工作量和工作标准是否存在变化来判断增幅变化的合理性。

制订存货实地盘点计划。计划的详细程度可根据被审单位规模的大小来定,当然制订盘点计划需要对被审单位的产品生产和储存有一定的了解,做到心中有数,合理安排盘点时间,有的放矢。制订盘点计划时最好邀请被审单位领导参与,听取其意见,以便引起被审

单位参与盘点人员重视。另外制订盘点计划时,审计人员应与被审单位协调,做好以下几项工作:

(1)盘点时间最好选择在会计期末以前。实际上多数情况的监盘是在会计期末以后进行的,这就需要我们编制从盘点回到期末的存货余额调节表来证实期末存货余额的正确性。

(2)盘点参与人员的选择要有代表性。供应、保管、财务、生产等部门的有关人员都应参与。

(3)盘点期间存货应停止流动,并分类摆放。对生产企业,监盘日应选择生产间歇期进行。盘点计划实施前,审计人员要将盘点计划和指令贯彻落实到每一名参与人员。

对于存货监盘过程中发现的盘盈、盘亏、毁损等情况,一定要结合其他审计程序究其原因,考虑其对审计报告的影响。通过执行存货监盘程序,审计人员不仅可以证实存货的存在性,对其完整性和品质状况加以确认,还可以利用观察、询问等方法了解被审单位已售出、企业代保存物资的状况,防止以代保存物资充当库存物资。

对铁路内部审计来说,工务系统的钢轨、车辆系统的闸瓦、机务系统的柴油等存货,是比较难盘点清楚的。因为上述存货保有基数大,种类类别多,保存地点分散,各基层单位物资管理水平参差不齐,以及各种历史原因等因素导致清点工作量巨大,账实总有差异,一般只能部分抽查,难以全面盘点。针对此类问题,只有全系统性的集中清理清查才能在一段时间内保持账实相符,此类问题仍是困扰物资管理人员、财务人员、审计人员的难点,需要进一步解决。

二、高价耐用品

2014年初至今,为了适应社会主义市场经济发展需要,进一步规范会计计量的方法,财政部先后发布了多项准则的增补或修订版,要求企业自2014年7月1日起执行。最新《企业会计准则》变化的要点包括职工薪酬的分类、五险一金的核算、离职后福利的处理、带薪缺勤的会计处理的变化。资产负债表列报格式发生重要变化，利润表编制、其他综合收益的构成以及转出规定、合并范围发生重大变化，长期股权投资分类发生重大变化，股权投资方法转换规则发生重大变化，关联交易抵消规则发生重大变化，合营安排、公允价值的定义和计量方法等，都将对企业核算业务产生重大影响。

高价耐用品就是在此背景下诞生的新生事物，2014 年版《企业会计准则》中只是强调高价耐用品“单位价值较高”，并没有给出具体的价值判断标准。在这种背景下，铁路运输企业将单位价值 2 000 元至 5 000 元的高价低值易耗品统称为高价耐用品。

近年来，虽然作为高价耐用品的日常管理视同固定资产管理，但距离精益化管理水平还有一定差距。因此，加强高价耐用品的管理对于铁路运输企业具有重要意义。一是有利于企业对资金进行科学合理的配置和整合，避免各单位盲目购置而降低使用效率；二是可以有效防止在未进行相应调研和论证的情况下，增加企业生产风险；三是通过对高价耐用品的电子化管理，可以使管理人员及时了解高价耐用品的所有信息，从而提高管理效率；四是通过科学管理，改变过去各单位、各部门各自为政的管理现象，实现高价耐用品的统一有效的信息化管理，从而以有限的资源实现更大的价值。

三、低值易耗品

低值易耗品是指劳动资料中单位价值在 10 元以上、2 000 元以下，或者使用年限在一年以内，不能作为固定资产的劳动资料。它跟固定资产有相似的地方，在生产过程中可以多次使用不改变其实物形态，在使用时也需维修，报废时也可能有残值。由于它价值低，使用期限短，所以采用简便的方法，将其价值摊入产品成本。

低值易耗品按其用途一般可以分成以下几类。

一般工具：直接用于生产过程的各种工具。如刀具、夹具、模具及其他各种辅助工具。

专用工具:指专门用于生产各种产品或仅在某道工序中使用的各种工具。如专门模具、专用夹具等。

替换设备:指容易磨损、更换频繁或为生产不同产品需要替换使用的各种设备。如轧制钢材用的轧辊、浇铸钢锭的锭模。

包装容器:指用于企业内部周转使用,既不出租、也不出借的各种包装物品。如盛放材料、储存商品的木桶、瓷缸等。

劳动保护用品:指发给职工用于劳动保护的安全帽、工作服和各种防护用品。

管理用具:指管理部门和管理人员用的各种家具和办公用品。如文件柜、打字机等。

其他低值易耗品:指不属于以上各类的低值易耗品。

低值易耗品摊销的主要方法有:

(1)一次摊销法:指领用低值易耗品时,将其价值全部一次转入产品成本的方法。这种方法适用于价值低、使用期限短,或易于破损的物品如玻璃器皿等。采用这种方法摊销低值易耗品价值时,其最高单价和适用品种必须严格控制,否则会影响各期产品成本负担,以及影响在用低值易耗品的管理,防止损失浪费。

(2)分期摊销法:指根据领用低值易耗品的原值和预计使用期限计算的每月平均摊销额,将其价值分月摊入产品成本的方法。摊销期一般不应超过一年。这种方法适用于期限较长、单位价值较高,或一次领用数量较多的低值易耗品。

(3)五五摊销法:亦称五成摊销法,指在低值易耗品领用时先摊销其价值的50%,报废时再摊销其价值的50%(扣除残值)的方法。采用这种方法,低值易耗品报废以前在账面上一直保留其价值的一半,表明在使用中的低值易耗品占用着一部分资金,有利于对实物的使用进行管理,防止出现大量的账外物资。这一方法适用于每月领用数和报废数比较均衡的低值易耗品,如果一次领用的低值易耗品数量很大,为了均衡产品成本负担,也可将其摊销额先列入待摊费用，而后分期摊入产品成本。

(4)净值摊销法：指根据使用部门、单位当期结存的在用低值易耗品净值和规定的月摊销率(一般为 10%)，计算每月摊销额而计入产品成本的方法。在用低值易耗品的净值是在用低值易耗品的计划成本减去累计摊销额后的余额。采用这种摊销方法，从单项低值易耗品来看，其各期的摊销额随着使用期间的推移，摊余价值的递减而逐期递减。在它报废前会保留一部分未摊销的价值，这样有利于对在用低值易耗品的管理和监督。对比五五摊销法，其产品成本负担比较合理。因此，这种方法适用于种类复杂、数量多、难于按件计算摊销额的低值易耗品。

任何摊销方法的使用都是附有条件的，企业可以自主选择低值易耗品的摊销方法，但所用的方法不能随意变动。

2006 年版《企业会计准则》中，将包装物与低值易耗品合并为包装物及低值易耗品。2014 年版《企业会计准则》中，将低值易耗品与包装物归为周转材料的会计科目下。

铁路基层单位低值易耗品一般由各基层单位办公室(综合科)管理或车间进行管理，仅建立管理台账进行，多采用一次摊销法核算。基层辅业单位由于行业涉及较多，与主业单位区别较大，需要结合单位生产、经营特色，制定相应的管理办法。内部审计主要采用抽查法，现场抽查部分实物使用、保管情况。

四、修旧利废、段制品

铁路企业本着充分利用废旧物资，节约成本支出，提高经济效益的原则制定了《铁路运输企业修旧利废及段制品管理办法》(铁财〔2006〕204 号)。该办法对修旧利废及段制品做出了定义：“在检修中更换下来的各种材料、配件已经超出工艺要求和质量限度，经过加工修复并验收合格可以再用的为修旧；对已经达到报废条件，但确有利用价值，经加修改制并验收合格可以再用的为利废。未超过工艺要求和质量限度以及未达到报废程度的材料、配件的检测修理,属于正常修理工作,不作为修旧利废管理。”“站段自产自用不直接用于行车关键设备和关键部位的非标非定型产品为段制品。委外加工的材料配件和购入零部件组装的材料配件,不作为段制品管理。”

修旧利废材料、段制品是铁路基层站段特有的一种材料,属于材料二次加工产物,纳入材料核算。

目前,对于修旧利废和段制品各基层单位容易发生的问题是虚报工作量,扩大修旧利废范围计提工费。因此审计中,要注意核实修旧利废及段制品的鉴定、生产、验收、保管、领用、核算等环节的管理是否合规,有无故意混淆修旧利废和日常维修界限,超范围、乱提工费加大成本支出的问题。

五、高价互换配件

铁路高价互换配件纳入固定资产进行管理,是一种特殊的“生产材料”。对设备单位的资产管理来讲,高价互换配件管理是一项重要内容。铁路总公司和各铁路局集团公司出台了很多规定,进行规范。《铁路运输企业高价互换配件管理办法》(铁财〔2007〕104号)中明确高价互换配件是依据修制修程为铁路运输设备修理而储备的、单位价值在2 000元及以上、使用期限超过1年、可反复修理使用的组装总成部件、机组或大型结构互换配件;由于技术进步、设备转型、修制改革、价格变化等因素,高价互换配件的类别、名称、规格、型号、单价、使用年限发生重大变化,需修订高价互换配件目录,由铁路总公司另行公布。

文件中还明确了铁路运输企业高价互换配件统一分类目录及高价互换配件分类折旧率。

高价互换配件报废由技术、物资等部门共同鉴定,已提足折旧的高价互换配件报废,由使用单位主管领导审批;未提足折旧的高价互换配件报废,报企业业务和财务部门审批。货车高价互换配件的报废，按铁路总公司现行规定办理。

审计中首先要核实账账是否相符，即设备管理的车间、业务部门的台账是否与财务部门的固定资产账相符，其次是核实账实是否相符，抽查盘点大项的物品、配件数量，是否与业务部门台账相符。必要时检查其技术履历簿，核实其使用管理情况。另外，在审计时还应关注是否存在由于设备更新换代后，高价互换配件长期闲置浪费及外委设备修理所消耗的配件，按原材料管理等问题。

第四节　固 定 资 产

2015 年 3 月，中国铁路总公司印发了《中国铁路总公司固定资产管理办法》（铁总财〔2015〕45 号），对铁路固定资产管理进行了详细规定。

固定资产具有价值高、使用周期长、使用地点分散、管理难度大等特点，正是这些原因给固定资产管理带来了极大的困难。

铁路基层单位点多、线长、面广，单位整合、分离，车间、工区调整等，都使得固定资产管理难度增大。大致表现在：制度形同虚设，有的单位设立了资产管理人员，有的单位没有设立资产管理员；由于没有严格的制度约束，在实际工作中资产管理部门、使用部门和财务部门配合不密切，资产的增加、调拨和报废工作在时间上没有严格的限制和管理上没有严格的内控措施，造成单据流转速度慢，入账时间滞后或重复进账、漏进、产生账实不符等现象；铁路局集团公司主管部门缺乏直接沟通，配合不力；人员调动频繁，交接手续混乱不清等原因造成管理混乱。

对铁路内部审计来说，基层单位最难以盘点的固定资产是房屋、建筑物类资产。近几年，铁路系统改制，站段合并、分立，辅业分离、合并等原因及历史遗留因素，铁路局集团公司与基层站段之间占用，主业单位之间占用，主业、辅业单位之间占用，导致资产使用单位与产权所有单位分离的现象比较突出。单从一个基层单位审计很难全部核实被审单位所使用的此类资产所有权的归属，一般只能部分抽查，难以全面盘点。针对此类问题，只有全系统性的集中清理清查并进行账务处理才能解决。

第五节　土　　地

《中国铁路总公司固定资产管理办法》（铁总财〔2015〕45号）第十五条中规定："土地由使用单位或土地管理部门列账，由使用单位列账的，土地管理部门应设立台账或备查簿进行登记。"

铁路局集团公司一般设有土地和房产管理处，负责铁路用地的管理。铁路基层单位很少有单独列账的土地。2009年、2010年，铁路系统都组织过对管内铁路用地使用现状的全面清查，详细建立了土地编号、地理位置、面积、使用现状等资料的比较完善的台账。

个别涉及上市的铁路局集团公司，土地关系较为复杂，导致法人主体之间经济业务复杂化，进一步理顺土地关系，有助于规范经营，合理避税。

需要注意的是，由于改革开放初期各项管理不规范等历史原因，部分基层单位存在铁路专用线、职工集资住宅楼、辅业企业经营开发等投资项目的用地，部分单位租用当地村镇土地，采取合作、合资方式占用农村集体土地等，至今未办理土地手续或属非法占地无法办理土地手续，存在很大风险。

审计中对涉及新买卖、租用、合作开发等利用非铁路土地的项目，应检查是否有集团土地管理机构审核同意的文件，关注合同交易价格是否公允合理，合作协议是否维护自身利益。对闲置的地块，应进一步了解闲置的原因及可利用的措施，可以挑选其中面积比较大的进行实地察看。

此外，应检查是否存在铁路用地被路外单位或个人无偿占用的情况。

对房地产项目的土地审批的相关手续是否齐全和是否设立过抵押担保的调查要尽可能详细，不应该只片面相信对方提供的各类许可证和证件，而应根据对方提供的相关证件，通过电话咨询、委托异地核证或实地考察等方式予以实际查证。同时应检查是否存在以危房改造、开发经济适用房等名义取得划拨土地后，并未按规定仅用于回迁安置和按经济适用房开发出售，而是开发成高档商品住宅、写字楼和商品用房出售，却未按规定补缴土地出让金的情况。或与土地持有者合作开发（或持有土地与别的开发商合作），未按规定办理土地使用权过户手续（其中土地使用权属集体性质的，还应补缴土地出让金）的情况。对此，应将实缴土地出让金与了解到的国家及当地政府部门规定的应缴数对比，检查是否有问题，防范风险。

第六节　债　　权

自中国铁路总公司下发《关于开展债权专项清理工作的通知》（铁总财函〔2014〕1760 号）文件后，铁路系统各单位高度重视此项工作，内部展开多次债权清理的专项活动，成效显著。

一般各基层单位都成立专门的领导小组，要求各债权单位要高度重视债权清理工作，确立债权经济业务形成的业务部门为债权清理主体责任地位，摒弃债权清理工作只是财务部门的事的错误思想，结合铁路局集团公司开展债权专项清理工作以来所下发的相关文件，对未清理的债权要客观、历史、公正地分析每一笔债权形成的原因，本着“谁经办，谁负责，谁清欠”“新官必须理旧账”的原则，科学确定债权形成责任领导、责任部门、责任人，进一步细化清理方案，做到可行有效。

债权清理的具体要求为：

（1）各债权单位行政正职要承担债权清理的第一责任，亲自组织本单位及所属单位的债权清理工作。

（2）各债权单位要抽调专门人员组成专门队伍，明确债权清理的责任领导、责任部门、责任人进行清欠。债权清理责任领导、责任部门、责任人是指开展债权经济业务的单位分管领导、业务职责部门、业务经办人。

(3)在债权清理过程中,各单位要搞清债权形成当时的责任领导、责任部门和责任人,进一步分析未清回债权的形成原因,取得相关资料,采取法律允许范畴内的一切可行措施,强力推进债权清理工作。

(4)凡债权形成的责任领导和责任人,还在原单位工作的,必须专门抽调离岗从事清欠工作,直至其所形成的债权清理完毕,方可返回原岗位工作。

(5)凡重大债权形成的责任领导和责任人,已调入路内其他单位工作的,债权单位提出申请,报铁路局集团公司债权清理领导小组批准后责其回原单位配合清欠,并承担相关责任,由债权单位进行考核,所在单位予以兑现。

(6)各站段领导班子履行站段经营网点债权清理工作的主体责任,出资经营网点的非运输企业配合债权清理工作,承担连带责任。

债权清理的工作方式为:

(1)各债权单位首先要高度重视债权签认工作,第一管理者要亲自上手,采取一切可以采取的办法和措施,对还未签认的债权必须进行签认。

(2)各债权单位要千方百计掌握债务单位的财务状况、资产情况,优先选择资金一次性清回债权方式。对于现阶段确实无力偿还的,要取得债务人还款计划并明确还款方式。对债务方财务状况恶化,濒临资不抵债,要采取法律手段,进行资产保全、诉讼等方式加以清理,确需采取资产抵押或质押的,及时上报铁路局集团公司债权清理领导小组审批。已进入诉讼的案件,要指派专人负责盯控,及时掌握情况,采取有效可行的措施,减少经济损失。

同时,各债权单位要针对本次债权专项清理工作中资金清回难度大的路外债权,建立以下惩奖机制:

(1)各债权单位要根据债权资金清回难易程度,账龄长短确定奖励比例。收回1年以上、3年以内的债权,按实际收回货币资金金额的3%给予奖励;收回3年以上、5年以内的债权,按实际收回货币资金金额的5%给予奖励;收回5年以上、10年以内的债权,按实际收回货币资金金额的8%给予奖励;收回10年以上的债权,按实际收回货币资金金额的10%给予奖励。

(2)债权形成的责任领导、责任人在清理债权期间,应停发或缓发各种奖励,按照债权单位确定的债权清理时间节点、目标任务、清欠结果予以考核。清欠任务完成后,可按考核结果补齐停发、缓发奖励(不计利息)。

铁路局集团公司应建立健全以下各种债权管理机制、制度:

(1)建立健全合同资信管理机制。

①债权债务的发生必须以有效的经济业务合同为依据,由专人负责合同管理工作。业务部门根据债权、债务账龄分析台账实时监控合同执行情况,加强账款到期日的监控工作。

②各单位应按照资信管理要求,制定对方单位资信标准,业务部门、合同管理部门应会同财务部门从承担法律能力、合同执行能力、资产负债状况、银行授信等级、行业信誉、销售能力、合作时间等方面对对方单位的资信状况进行调查了解,评价对方单位资信水平,确定采取的购销和收付款方式。

③各单位对长期合作的对方单位资信状况应进行动态管理,及时更新对方单位资信资料。严禁与不具备法律主体资格的机构和单位签订经济合同。

(2)建立健全债权债务清理定期分析例会制度。

各单位负责人应至少每半年组织召开一次由业务、财务、合同管理等部门参加的债权债务清理会议,或将债权债务清理工作作为专项议题纳入本单位经济活动分析会一并讨论。在债权债务清理专项议题中,对逾期或即将到期的债权,提请有关业务部门催收,并将催收情况和应收款项回款情况,向责任部门负责人通报,对逾期仍未还款的单位,逐项落实清理责任人,明确清理期限。债权债务清理会议决议内容应形成会议纪要留存备查。

(3)建立健全债权催收管理机制。

①各单位财务部门负责提供有关应收款项的数据资料,业务部门负责应收款项的催收,对于逾期未及时收回的债权应分析原因、落实责任、限期收回。

②各单位业务部门要采取积极有效的催收措施,及时联系对方单位,询问逾期原因,并于债权债务清理会议上确定清欠责任人员、制定清欠计划,并做好有关催收记录。

③各单位应按照"一案一册"的要求,建立一年及以上应收款项的跟踪资料,并对各项应收款项的形成时间、形成原因、原经办人、清欠措施、债务方经营情况、潜在财务风险等情况进行资料采集,并形成记录分析。

(4)建立健全预警机制。

①各单位要对债权债务进行定期分析,查找债权债务管理中存在的问题,分析债权债务账龄,评估债权债务风险,重点对单位逾期债权进行分析。

②各单位财务部门对逾期三个月、不足半年的应收款项,要在本单位的债权债务清理专题会议中进行预警,并口头或书面通知业务部门或责任人;逾期半年仍未得到清理的应收款项财务部门应向业务部门或责任人下达由单位负责人签发的清理通知书,限期清理。

(5)建立健全债权债务动态管理台账。

①各单位财务部门专职或兼职债权债务管理人员对发生的债权债务除按实际发生额、往来户名设置明细账,进行明细核算外,还应按单位名称和业务内容等建立债权债务辅助台账,按"谁经办,谁负责、谁形成、谁清理"的原则,落实每一笔经济事项的经办人、责任人。各单位业务部门对本部门经办业务形成的债权债务也要建立债

权债务辅助台账，明确清欠责任、建立销号制度。

②债权债务辅助台账记载内容。各单位应区别每项经济业务的具体发生时间、经济业务内容，具体负责该业务的部门及人员，债权债务形成责任人，清理责任人；合同编号及付款、收款时间，单位名称、地址、联系人、联系电话；每笔业务的增减金额，余额及每笔余额的账龄，于期末编制“债权账龄分析台账”及“债务账龄分析台账”。

(6)建立“一案一册”管理制度。

各单位对一年以上未清理债权要建立“一案一册”管理制度。对每一笔债权的基本信息、清理方案、清理过程及结果等工作情况进行详细、具体的记录。“一案一册”应包括该笔债权的合同、发票、签认记录、还款计划、法律文书(工商登记机构出具资料、资产保全资料、法律诉讼、法院判决、法院执行等)等相关附件。动态记录债权清理过程，直至债权全部清理完毕。

(7)建立健全债权债务集中清理工作机制。

①仔细核对、逐笔签认。各单位至少每半年开展一次债权债务集中清理工作。各单位财务部门应组织业务部门对对方单位的债权债务进行核对，并逐笔签认。做到债权债务台账与财务数据核对准确无误，债权债务签认记录清晰明确。各单位对账时必须取得对方单位的书面签认记录，未取得签认的债权债务应及时提出，并在债权债务清理会议上落实有关责任，直至签认到位。

②认真清查、制定方案。各单位应对本单位财务账面的债权债务进行认真清查，理清家底，摸清债权债务总额及分布情况，弄清每笔债权债务的成因、时间，确定责任人、明确清理时限。对能否清回款项、预计清回时间，做到底数清楚、责任到人。根据企业债权的账龄和清欠难易程度制定清欠方案，做到计划可行、措施得力、时限清晰、包保到位、目标清楚、重点突出，切实把债权债务集中清理工作落实到实处，保证债权债务集中清理工作取得实效。

③界定时限、开展清欠。对每笔债权债务进行梳理分类排序，明

确责任人,进行统一部署,做好责任人的认定工作,安排清欠人员和责任人工作步骤,确定清回时间表。对清理要做到有计划有落实。对发生时间比较近、线索清晰、清回可能性大的债权,立即采取措施清回;对时间较长不易清回的一至两年的债权应责成专人清理;对清理难度大、两年以上的债权要高度重视,组织以责任人为主体的精干力量离岗专项清欠,必要时提请诉讼,依靠法律清欠;对债权比较集中的重点企业及金额较大的债权,要实施重点清理。

④审核报批、计提坏账。对清理工作中确定无法收回或支付,以及符合计提坏账准备的债权债务,根据本办法中坏账准备计提的有关程序计提坏账准备或按资产处置规定申请核销。

(8)建立健全债权债务清理考核和责任追究制度。

在债权债务清理过程中,各单位必须明确债权债务形成的责任领导、责任部门和责任人。债权债务形成的责任领导、责任部门和责任人是债权债务清理工作的第一责任人,并对清理工作终身负责。债权债务形成的责任领导、责任人,因工作调整等原因离任原工作岗位时,应将未清理的债权债务向岗位承接人员移交,承接人员应继续履行债权债务清理的全部责任,切实做到“新官理旧账”。对债权债务清理工作不力或造成国有资产损失的责任领导、责任部门和责任人,要严格按有关规定进行责任追究。

将债权债务管理工作纳入各单位经营业绩考核。各单位要对债权债务清理工作建立奖惩考核机制,对清理工作积极、效果明显的单位和个人可以适当予以奖励,对清理工作滞后、效果不明显的单位和个人要严格进行考核。

至此,各单位债权的控制逐步规范、有效,极大地提高了铁路企业现金流入量。铁路非运输企业债权清理工作一直是其管理的重要内容之一,直接影响非运输企业经营状况,历史原因形成的呆坏账尤其难以清理,要追查源头,检查是否存在舞弊及利益输送等情况,并对此类欠款应制定更灵活的清欠办法,提高奖励标准,减少企业损失。

第七章　铁路基本建设审计

2015 年，中国铁路总公司审计和考核局重新印发了《铁路基本建设项目审计实施细则》，按审计岗位分别列出了铁路建设项目建设资金管理和使用情况审计的查证要点、关注事项、查证步骤、方法与要求等内容，比较全面地对铁路大中型基本建设工程项目建设资金审计进行了规范。铁路大中型基本建设工程项目有投资规模大，建设周期长，资金款源多等特点（2014 年至 2017 年，每年平均投资约 8 000 亿元左右，百亿元以上新建单项、单线投资项目较多；新线建设工期均在 3 年以上；新组建的合资铁路公司筹资渠道众多，出资方出资方式多种多样）。国家《中长期铁路网规划》公布之后，众多客运专线、高速铁路、货运专线等项目不断开工建设，大中型基建项目不断增加。在这种情况下，如何对铁路基本建设项目开展全覆盖、全方位的审计工作，充分发挥自身的"免疫"系统功能，保证铁路基本建设顺利开展，避免投资浪费，控制审计风险，更有效地发挥内部审计监督、保障、评价作用，是铁路内部审计机构面临的新课题。

第一节　铁路基本建设

一、铁路基本建设项目

基本建设项目指利用国家预算内基建拨款、自筹资金、国内外基本建设贷款以及其他专项资金进行的，以扩大生产能力（或新增工程效益）为主要目的的新建、扩建工程及有关工作。

基本建设工程项目，也称建设项目，是指按一个总体设计组织施工,建成后具有完整的系统,可以独立地形成生产能力或者使用价值的建设工程。一般以一个企业(或联合企业)、事业单位或独立工程作为一个建设项目。

凡属于一个总体设计中的主体工程和相应的附属配套工程、综合利用工程、环境保护工程、供水供电工程等,都统作为一个建设项目;凡不属于一个总体设计,经济上分别核算,工艺流程上没有直接联系的几个独立工程,应分别列为几个建设项目。

建设项目是一个建设单位在一个或几个建设区域内,根据上级下达的计划任务书和批准的总体设计和总概算书,经济上实行独立核算,行政上具有独立的组织形式,严格按基建程序实施的基本建设工程。一般指符合国家总体建设规划,能独立发挥生产功能或满足生活需要,其项目建议书经批准立项和可行性研究报告经批准的建设任务。

按照建设项目分解管理的需要,可将建设项目又分解为单项工程、单位工程(子单位工程)、分部工程(子分部工程)、分项工程和检验批。

建设项目又可分为新建、改扩建和续建项目。新建项目,是指在计划期内,从无到有开始建设的项目,如新建铁路项目。改扩建项目,是指原有企业、事业单位,为了扩大主要生产能力或增加新效益、在计划期内进行改扩建的项目,如铁路线路电气化改造项目。续建项目,是指过去年度已正式开工,在计划期内继续进行施工的项目,即在建项目。

铁路局集团公司所属的建设项目主要有铁路大中型基本建设项目;运输设备更新改造项目、小型基建项目;铁路大修项目(线路设备、桥隧建筑物、运输房建设备等)。

1978 年 4 月,国家计委、国家建委、财政部(计〔234〕号)公布,铁路大中型基建项目是指铁路新建的干线、支线、地下铁道和总投资 1 500万元以上的原有干线、枢纽的重大技术改造工程;地方铁路长度 100 公里以上,货运量 50 万吨以上的项目(文件至今有效)。铁路大中型基本建设项目一般由专业的建设单位(工程建设指挥部、合资铁路公司)负责建设,具有投资额度大、建设周期长、涉及范围广、技术水平高等特点。

运输设备更新改造项目是由铁路局集团公司计划部门统筹管理下达计划,专业处室专业管理进行指导,基层单位具体负责组织实施的。主要是对已形成固定资产的设备进行的综合性技术改造和采取的重大技术措施,能够改善铁路运输设备技术状态,调整生产力布局、挖潜提效,实现以内涵为主扩大再生产,并贯彻"技术先进适用,讲求投资效益,择优量力而行"的原则。

铁路运输设备更新改造范围包括:对原有设备进行的综合性技术改造和采取的技术措施;为提高电气化、机械化、自动化水平和采用新技术、新工艺、新设备而进行的技术改造;设备和建筑物等固定资产的购置或新建;综合利用原材料、环境保护、劳动保护、节能、战备等需要添置的设备和相应的土建工程;文教、卫生及其他生活设施改造、建设。

铁路大修项目指在规定期限内对设备定期进行检修、维护,或者对已带病运行的设备进行检修维护。大修方案制定前应查阅平时的生产维修记录,即损坏和维修状况。查阅技术资料,对设备维修需用的备品备件、工器具、原材料进行统计,询问其价格范围,预估出本次损坏状况和所需资金情况,上报批准。同时,也要确定是本单位自己进行大修工作还是委托外单位进行大修。制定大修计划,包括技术方案、工期进度、施工组织、人员安排、后勤保障等。大修项目一般由基层单位上报,铁路局集团公司专业处室把关,财务部门安排预算,本年度内完成的项目。

除了款源和管理不同,实际部分项目没有固定的边界,资金走向有一定的灵活性,缺乏有效的制约和监督,容易出现项目分散化、小型化等问题,会带来影响运输布局,投资效益低下等低层次的问题。

1. 建设项目现场工作量核实

工程审计是依据《中华人民共和国审计法》等相关规定，对工程概、预算在执行中是否超支，有无隐匿资金、截留基建收入和投资包干结余，以及有无以投资包干结余的名义私分基建投资的违纪行为等。审计以基建项目为标的，以会计师、审计师、工程师为主要从业人员。

2. 实体工程量审核原则

(1)必须以施工合同和工程竣工图或施工图等为依据计算。审核工程量必须严格依据工程竣工图或施工图、审定的变更资料及其所选用的标准、规范，按照各专业定额规定的规则进行。

(2)必须以施工图设计及现场签证为依据，必要时到现场对实际工程量进行复核，以现场实测所得数据为依据。在施工图工程量的审核过程中，应查看现场，对工程的环境、外观有一个全面的认识。工程量计算复杂、规则多，容易出现多算、重复算和漏算，必须现场对实际工程量进行复核，确保工程量计算的真实性和准确性。

(3)必须按照设计变更和隐蔽工程记录进行审查。要结合设计变更、隐蔽工程记录和现场签证资料，查看设计变更手续是否齐全、是否由施工方的原因所造成。但不是所有的签证都能计算费用，由于甲方或监理人员对图纸不熟悉或责任心不够，或是与施工方串通等，这些都会出现签证工程量比实际工程量大的情况。

(4)工程量的计算依据，单位的取定、数字的取舍，应按工程量计算规则和其他共同遵守的准则进行，否则计算出来的结果难以准确判断。

3. 检查方法

工程量清单是表现拟建工程的分部分项工程项目、措施项目、其他项目名称和相应数量的明细清单，是按照招标要求和施工设计图纸要求规定将拟建招标工程的全部项目和内容，依据统一的工程量计算规则、统一的工程量清单项目编制规则要求，计算拟建招标工程的分部分项工程数量的表格。

工程量清单是招标文件的组成部分，是由招标人发出的一套注有拟建工程各实物工程名称、性质、特征、单位、数量及开办项目、税费等相关表格组成的文件。在理解工程量清单的概念时，首先应注意到，工程量清单是一份由招标人提供的文件，编制人是招标人或其委托的工程造价咨询单位。其次，在性质上说，工程量清单是招标文件的组成部分，一经中标且签订合同，即成为合同的组成部分。因此，无论招标人还是投标人都应该慎重对待。再次，工程量清单的描述对象是拟建工程，其内容涉及清单项目的性质、数量等，并以表格为主要表现形式。

除基本审计方法外，基建审计还会运用以下审计方法。

(1)看图法。是指看图核实工程量与工程价款，审定工程造价的方法基建工程审计必须认真仔细地看清所有的施工图纸，才能全面准确无误地计算审定工程造价的真实性。审计人员必须熟练掌握所有的建筑识图知识，不仅要看建筑施工图，而且要看结构施工图和竣工图；不仅要将每一张图纸看懂吃透，而且要将所有的图纸综合分析。只有在认真看懂吃透图纸的基础上，才能发现问题、揭露问题。看图法是基建工程审计最基本、最普遍、最常用的方法，贯穿基建工程决算审计的始终。

(2)开挖法。是指审计人员会同被审计单位有关人员与施工单位有关人员到建筑现场，对有疑点的隐蔽工程进行挖开核实工程量与工程价款的方法。开挖法比较直接，容易验证出问题的真假，但工作量大，所以一般实行抽样定点的方式。

(3)测量法。是指审计人员深入建筑现场，对照施工图纸，实地测量有关工程量，计量有关器材物质数量确定核实基建工程决算工程量与造价真实性、合理性的一种审计方法。

(4)核对法。是指在基建工程决算审计中用一种记录或资料同另一种记录或资料进行查对，用相互验证和复核的手段，验证基建工程决算工程量与造价真实性、合理性的一种审计技术方法。

2015年,中国铁路总公司审计和考核局编写了《建设项目审计实施细则》,按审计岗位分别列出了铁路建设项目审计查证要点及关注事项、查证步骤、方法与要求、查证结果、需要收集的资料、涉及的法规文件及常用条款等内容,比较全面地对铁路建设项目审计的内容、方法进行了表述。

二、铁路基本建设相关概念

1. Ⅰ类、Ⅱ类变更设计

(1)变更设计的概念。

这里所讲的变更设计,是指铁路工程建设项目施工图审核合格后至工程初步验收合格后半年以内变更设计的活动。施工图阶段需要对初步设计批复的重大内容调整的,包括施工图预算超出初步设计批复总概算的,比照Ⅰ类变更设计程序报初步设计审查部门批准。变更设计分为Ⅰ类、Ⅱ类。

对初步设计审批内容进行变更且符合下列条件之一者为Ⅰ类变更设计。

①变更批准的建设规模、主要技术标准、重大方案、重大工程措施:

a. 建设规模是指工程范围,车站(段、所)规模;

b. 主要技术标准是指铁路等级、正线数目、设计行车速度、线间距、最小曲线半径、限制坡度或最大坡度、牵引种类、机车类型或动车组类型、牵引质量、到发线有效长度、闭塞类型或行车指挥方式与旅客列车运行控制方式、建筑限界;

c. 重大方案及重大工程措施是指批复的线路、站位、重点桥渡、站房建筑方案、重要环水保措施等。

②变更初步设计批复主要专业设计原则。

③调整初步设计批准总工期。

④建设项目投资超出初步设计批准总概算。

⑤国家、铁路总公司相关规范、规定重大调整。

除Ⅰ类变更设计外的其他变更设计为Ⅱ类变更设计。

(2)变更设计的划分原则。

Ⅰ类变更设计以变更设计原因划分,一项变更设计原因为一个变更设计。Ⅱ类变更设计以工点划分,同一工点或同一病害引起的不可分割的一次性变更为一个变更设计。同一工点中的不同变更内容、同一病害类型的不同工点、同一变更内容的不同段落应分别划分为不同的变更设计,严禁合并或拆分变更设计。

(3)变更设计的管理。

建设单位对变更设计工作进行组织管理,制订变更设计管理制度,明确内部管理程序和工作标准,落实主管领导、主管部门、协管部门、责任人员,建立考核制度并实施考核。定期对Ⅱ类变更设计及预备费使用情况进行统计、分析,分季度报铁路总公司工程鉴定中心,抄计划、建设部门和工管中心。

变更设计要坚持"先批准,后变更;先设计,后施工"的原则。因突发事件、工程安全需要立即处理的Ⅰ类变更设计,建设单位应在处理的同时按规定向铁路总公司有关部门和单位报告,及时按程序办理变更。危及安全的Ⅱ类变更设计,建设单位应在现场组织确定变更设计方案,按确定的方案先进行施工准备和应急处理。

初步设计审查部门负责Ⅰ类变更设计审查工作,按规定时限完成Ⅰ类变更设计审查;对Ⅰ类变更设计情况进行检查、统计、分析,提出改进勘察设计管理的意见建议。

施工单位应做好施工图现场核对和施工过程中地质资料确认工作,发现问题应及时向监理人员和建设单位提出;积极参与变更设计方案研究,严格按照变更设计施工图组织施工;不得在变更设计过程中弄虚作假或未经批准擅自施工。

监理单位应认真核对设计文件,将发现的勘察设计问题以及施工单位提出的问题及时通知勘察设计单位和建设单位；积极参与变更设计方案研究，按照变更设计施工图实施监理，严禁未经批准擅自同意变更施工。

建设、勘察设计单位应分别建立变更设计管理台账，定期分析研究，查找存在问题，改进勘察设计管理，做好变更设计资料归档工作。变更设计归档资料包括：变更设计建议书；现场确认意见和影像资料；变更设计会审纪要；变更设计文件；变更设计初审意见；变更设计批复；变更设计通知单及变更设计施工图。

(4) 变更设计程序。

Ⅰ类变更设计程序分为建设单位提出变更设计建议、会审变更设计方案、编制变更设计文件、初审变更设计文件、批准变更设计文件、审核下发变更施工图等。

Ⅰ类变更设计文件一般应在会审纪要下发后30日内完成，特殊情况下Ⅰ类变更设计文件完成时间由建设单位协商勘察设计单位确定。

Ⅱ类变更设计程序分为建设单位提出变更设计建议、设计单位进行现场核实、确定变更设计方案、审核下发变更施工图等。

建设单位组织勘察设计单位按确定的变更设计方案编制施工图。勘察设计单位一般应在《变更设计会审纪要》下发后10日内完成施工图。建设单位应组织对施工图进行审核，并将审核合格的施工图随同《变更设计通知单》下发施工及监理单位。

(5)变更设计费用。

Ⅰ类变更设计概算由勘察设计单位按初步设计批复的概算编制原则编制，并对工程数量和费用进行增减对照，按规定报送铁路总公司审批。Ⅱ类变更设计引起的工程费用由勘察设计单位按变更设计的工程数量、施工承包合同约定和初步设计批复的概算编制原则编制，建设单位组织审定，由建设单位承担的费用在预备费中列支。

因责任原因引起的变更设计，属于施工单位责任的，施工单位按规定承担变更设计造成的损失；属于勘察设计单位责任的，由勘察设计单位无偿承担变更设计的勘察设计工作并按规定承担变更设计造成的损失；属于建设方责任的，由建设单位承担变更设计造成的损失。

非责任原因的变更设计，属于不可抗力的，按合同约定处理；属于风险包干范围的，按风险包干相关规定处理；其他变更设计增减工程费用，除相关规定外，由建设单位承担，相关事宜在合同中明确。

非责任原因引起的Ⅰ类变更设计，勘察设计费按变更设计批复支付；责任原因引起的Ⅰ类变更设计，勘察设计费由责任单位承担。

Ⅱ类变更设计不另计取勘察设计费。

（6）审计要点。

①检查设计变更会议记录、上报、批复、验工计价、台账等资料，建设管理单位是否按规定程序管理、完成记录及统计设计变更等情况，有无擅自增加变更设计影响投资规模控制的行为。

②检查变更设计文件中的施工图、工程数量对照表、工程数量计算书、变更设计费用及增减对照表是否按规定编制、内容是否完整、数据是否准确。

③检查设计变更验工计价的依据是否充分、可靠，增减工程量、套用单价等是否准确、真实。重点抽查单价高或增减工程量大的项目（如桥梁、隧道等）。

④对照合同约定，检查设计变更费用结算是否符合合同约定，设计变更费用列支渠道是否符合规定，有无多付工程款的情况。

⑤检查主要资料包括设计变更会议记录、上报、批复、验工计价、台账、施工图、工程数量对照表、工程数量计算书、变更设计费用及增减对照表等资料。

2. 工程降造费

（1）工程降造费的概念。

工程招标降造费是指按国家和铁路总公司有关规定，由项目建设管理单位和中标单位双方在施工或设备材料采购合同中约定的合同额与批准的设计概算相应部分的差额。建设单位对施工单位的激励约束考核过程中发生的扣减费用纳入建设项目的招标降造费管理。

(2)工程降造费的管理。

工程招标降造费属于建设项目工程款,在组织完成工程项目招标后,应将招标降造费及总额报铁路总公司有关部门备案,作为下达计划和建设管理的依据。

严格招标降造费管理,招标降造费必须实行先批准后使用的原则。除铁路总公司明文规定使用降造费的项目外,其他实施过程中需要增加的费用一律先使用预备费,在预备费不足的情况下使用降造费。按照有关规定及合同约定的材料价差调整,以及按照国家和省级地方政府有关规定增加的征地拆迁等费用,履行审批手续并同意使用招标降造费后,纳入年度投资调整计划。

(3)使用范围。

工程招标降造费必须在批准的建设项目设计范围内使用,用于调剂工程项目费用不足或缺口部分。工程招标降造费的使用范围规定如下:

①经铁路总公司批准的项目规模、标准变更等增加费用。

②属于国家法规规定允许的变更。

③按合同规定支付合法的施工索赔费用。

3. 基本预备费

(1)基本预备费的概念。

基本预备费是指按铁路总公司《铁路基本建设工程设计概算编制办法》有关规定,在项目设计概算中计列并经批准的基本预备费,属于建设项目工程款,用于初步设计总概算中难以预料的工程和费用,又称不可预见费。按照《铁路基本建设工程投资(预)估算编制办法》(铁建设〔2006〕113 号)的有关规定,基本预备费按第一至十一章费用总额为基数,初步设计总概算按 5% 计列,施工图预算、投资检算按 3% 计列。

(2)基本预备费的使用。

基本预备费的使用由建设单位按规定用途掌握。

(3)基本预备费的用途。

①在进行设计和施工过程中,在批准的初步设计范围内,必须增加的工程和按规定增加的费用(含相应增加的价差和税金)。本项费用不含Ⅰ类变更设计增加的费用。

②在建设过程中,工程遭受一般自然灾害所造成的损失和为预防自然灾害所采取的措施费用。

③上级主管部门组织施工验收时,验收委员会(或小组)为鉴定工程质量,必须开挖和修复隐蔽工程的费用。

④由于设计变更所引起的废弃工程,但不包括施工质量不符合设计要求规定而造成的返工费用和废弃工程。

⑤征地、拆迁的价差。

4. 总承包风险费

(1)总承包风险费的概念。

总承包风险费是指由总承包单位为支付风险费用计列的金额,一般占初步设计总概算中各章费用合计额扣除甲供材料设备费和安全生产费以后金额的 1.5% ~2.5% 之间,在招标文件中有约定。总承包风险费即我们平时所称的"风险包干费",实行计价总额包干。

(2)主要内容。

总承包风险费用包括但不限于以下内容:

①初步设计招标的施工图量差、承包人原因引起的Ⅰ类变更设计及全部Ⅱ类变更设计引起的工程增减费用。

这里的Ⅱ类变更设计主要指:凡变更已经批准的个别重点工程或个别地段工程的一般设计原则;技术比较复杂,影响工程主体结构、整体布置和使用性能;或虽不属于上述范围,而一次变更设计增减投资少于 300 万元。

由于铺架单位制梁、架梁、轨道、道岔量差等均属于设计要求范畴，属于正式工程，均与甲供材料供应密切相关，所以施工图量差均按增加投资检算Ⅰ类变更设计计列。

②非不可抗力造成的自然灾害损失及其采取的预防措施费用；

③发包人供应的材料和设备以外的材料和设备价差（甲供材料设备按实际采购价调整，每半年调整一次）。

按照《关于铁路建设项目实施阶段材料价差调整的指导意见》（铁建设〔2009〕46 号）规定，由施工企业采购的材料（包括钢材、钢件、水泥、柴油、汽油、道砟、混凝土外加剂、粉煤灰等），施工合同有风险包干费的，概算中材料价格变化幅度（以批准编制期概算为准）在±5% 以内部分由施工企业承担，超出部分纳入概算并由建设单位承担。施工合同没有风险包干费的，概算中材料价格变化幅度（以批准编制期概算为准）在±3% 以内部分由施工企业承担，超出部分纳入概算并由建设单位承担。即±5% 或者±3% 的部分按风险包干费计列，超出部分按增加投资检算Ⅰ类变更计列。

铁路建设项目材料价差半年调整一次。

④建设工期重大调整以外的施工组织设计调整工期造成的费用增加（含措施费）。

⑤工程保险费。工程保险由承包人投保并在总承包风险费里包干使用，包括第三者人身伤亡和拆除损失的保险等。

⑥由于变更施工方法、施工工艺所引起费用的增加。

这里主要是指未到达Ⅰ类变更条件的Ⅱ类变更。

（3）计价原则。

除按合同约定可以调整的工程和费用外，超出《工程量清单》的项目、数量增加的工程以及由此增加的费用，如合同中有约定由总承包风险费支付的项目和费用的，不得另行调增合同包干费用。

总承包风险费可采用据实验工、分期按比例控制、总额包干的计价方式。根据计划工期季度数对总承包风险费进行算术平均确定每季度计价限额或按季度投资完成比例确定当季度计价限额。每季度完成的由总承包风险费解决的工程或费用,如果低于当季度计价限额,按当季度实际计算费用计价,余额结转到下季度限额;如果高于当季度计价限额,则按当季度计价限额计价;末次计价总额包干。

5. 安全生产费

(1)有关概念。

按照《企业安全生产费用提取和使用管理办法》(铁建设〔2012〕245 号)文件的规定,铁路工程设计概算中计提安全生产费,费率按建筑安装工程费的 2% 计列,用于加强铁路工程安全管理,改善铁路工程施工作业条件。

(2)管理和使用范围。

安全生产费在施工单位合同概算清单中第十一章单列,由建设单位按施工单位完成的建筑安装工程费的 2% 验工计价,使用范围按财政部、安全监管总局《企业安全生产费用提取和使用管理办法》(财企〔2012〕16 号)所列使用范围表使用,共九大类 53 项支出。

(3)审计注意事项。

在审计实践中,部分建设单位按施工单位完成建筑安装工程费进度的 2% 验工计价,未要求施工单位据实上报有关使用单据,而另一部分建设单位除按施工单位完成建筑安装工程费进度的 2% 验工计价外,还要求施工单位据实上报有关使用单据。由于目前铁路总公司未明确建设单位对施工单位安全生产费验工计价的具体方法,所以我们在审计中对上述验工计价方式不作过多要求,但需明确必须按进度比例和使用范围进行验工计价,一是不得超比例,二是不得超范围。

6. 施工图量差

(1)施工图量的概念。

施工图量差是指施工图数量与初步设计数量(即招投标数量)

的差,当施工图数量大于初步设计数量,为正量差;反之为负量差。按总价承包合同规定,属于总承包风险费包干范畴。

(2)施工图量差计价模式。

当工程量清单中项目出现施工图正量差后,建设单位一般按照合同清单数量控制,对超出合同清单数量的正量差不予验工计价,对负量差也不予验工计价。

如果某标段正负量差相抵后,总体反映为正量差,则正量差部分虽给予计价但相应冲抵总承包风险费;若总体反映为负量差,则合同总价不核减。

7. 其他有关概念

(1)施工图投资检算。

施工图投资检算是项目建设单位组织设计单位按照批复的初步设计进行施工图设计,并根据需要编制施工图投资检算。投资检算报铁路总公司工程设计鉴定中心、建设管理部等核备。投资检算应严格控制在鉴修概算内,对于超出鉴修概算的建设项目,设计单位应对施工图设计重新复核,并对投资增加原因进行分析说明;投资检算超出鉴修概算并影响项目投资的建设项目,须经铁路总公司工程设计鉴定中心组织审核后报主管领导批准。

(2)初步设计概算。

初步设计概算由设计单位编制并报建设单位审核,建设单位在收到设计单位报送的初步设计文件后,应对发现的问题提出明确的意见和建议,连同初步设计文件一起报铁路总公司工程设计鉴定中心,抄送其他有关部门。铁路总公司对初步设计文件批复后,建设单位按照批复的意见,组织勘察设计单位对初步设计文件进行修改,并依据修改后的初步设计文件编制鉴修概算,完成编制、审查并报铁路总公司核备。

(3)鉴修概算、核备概算。

鉴修概算是在初步设计阶段项目设计单位按照初步设计批复概

算的原则,在初步设计总概算批准后的 15 日内,按照批复意见编制概算(需要附技术经济指标统计表)。鉴修概算应严格按批复初步设计原则编制,并与批复总概算吻合,鉴修概算编制中如有与批复内容不一致的应另行提出报铁路总公司批准。依据铁路总公司批复意见编制的初步设计鉴修概算是组织工程招标或编制施工图投资检算的主要依据,也是项目工程实施阶段投资控制的基础。

第二节　建设资金审计

2016 年 5 月,中国铁路总公司审计和考核局印发《铁路建设项目建设资金管理使用情况审计的指导方案》,明确了建设资金审计的目的、内容、重点等。目前内部审计对建设项目审计的主要内容开展建设资金的管理和使用情况、建设单位内部控制制度的建立和执行情况进行审计。围绕建设资金的管理和使用这条主线,运用“抓源头、抓过程”的方法,从资金入手,并结合查询、盘点和现场查看等措施开展审计工作,并将设计(勘察)管理审计、招投标审计、合同管理审计、设备和物资采购审计融合在资金管理审计中。建设资金管理审计的目的是审查建设资金管理是否贯彻执行国家、铁路总公司基本建设管理的各项规章制度;是否依法筹集、存储、拨付和使用资金,能否保证项目建设的顺利进行;是否能完成建设资金的预算、决算和考核分析工作。在实施建设资金各环节的监督时,整个审计结果最终又都汇总体现在资金拨付是否正常和违规,建设资金是否安全,是否存在资金风险,建设资金使用是否有效益这个关键点上。

国外对大型建设项目审计的专题研究,主要是在各国政府性投资项目审计实践中展开的,由各国注册会计师协会及注册审计师协会发起,逐步建立相应的行业规则,形成自己的特色。建设项目审计起源于 19 世纪初期,通过对建设项目的招标和投标审计,规范和约束工程项目招投标行为。20 世纪 40 年代,欧洲部分国家陆续开展了建设项目计划审计、设计审计、投资决策审计。20 世纪 90 年代后期,美国等发达国家兴起"跟踪审计"理论,对审计更加关注风险规避,提高审计建议可行性和问题整改的监督,提出在合同签订前,对合同内容就开始进行审计,并对后续审计进行详尽的研究。一百多年来,审计模式一直伴随着环境变化而不断地发展,从账项导向审计到内部控制导向审计,再过渡到风险导向审计,建设项目审计也随之发生了巨大的变化。

我国铁路大中型建设项目的外部审计主要由国家审计署及审计署特派办负责实施。内部审计由中国铁路总公司审计和考核局审计项目部和新成立的审计特派办负责组织实施,主要开展建设资金管理和使用情况审计,同时开展竣工决算审计、投资效益审计、项目跟踪审计等审计项目。由于审计人员不足、审计力量有限,铁路总公司会将部分项目委托、授权给各铁路局集团公司审计处实施审计。

将铁路建设项目审计主要对象确定为建设资金管理和使用,是因为:一是铁路基建项目资金额投入较大,突出建设资金安全管理具有非常重要的意义,防止建设资金被侵占、挪用;二是受铁路内部审计活动范围、方式、方法等条件限制,内部审计工作一般无法深入接触设计、施工、监理等单位的资料、人员,审计结果对设计、施工、监理等单位缺乏法律约束力;三是铁路内部审计部门现有人员多数以财务、经济专业人员为主,工程概预算管理等专业人才较为缺乏,开展建设项目概算预算审计及竣工决算审计有一定难度。

建设资金审计关注点如下:

1. 审查建设单位是否建立健全资金管理和使用的内部控制制度及实际执行情况

首先要查看建设单位是否建立健全资金管理和使用的各项内部控制制度,如资金拨付审批监管制度、大额资金联签制度、建设单位、施工企业及其开户银行签订三方资金监管协议等,同时对拨付的资金进行分类抽查,审核其是否严格按相关制度进行资金拨付。通过这两点，审计人员可以初步判断被审计单位对建设资金管理的情况。在资金拨付方面，大多数建设单位的内控制度建设比较完善，执行有力，新成立的合资公司在初期会存在一些执行不到位方面的问题。

2. 复核建设资金《资金拨付情况审计调查表》

《资金拨付情况审计调查表》一般在审计组进驻被审计单位之前，由被审计单位财务人员填写，审计人员进驻后进行复核。被审计单位通过《资金拨付情况审计调查表》的编制能对建设项目整个资金使用情况进行阶段性梳理，能够比较直观、全面地反映项目资金使用情况。该表反映的主要内容包括建设单位应拨付施工企业的工程款项、已拨付的款项、其他调整款项和差额数。

(1)工程应付款包括年度预付款、月度预付款、季度验工计价款。年度预付款、月度预付款根据施工合同约定的比例预付，一般不会存在太大的问题。复核当期验工计价款时要注意，甲供材料和设备在建设单位签订的采购合同中均已对供货商明确了质量保证金条款，本着实事求是的原则，为避免重复扣款，在施工企业工程质量保证金计算的基数中应将验工计价金额扣除本期甲供材料和设备金额后，再计算应扣留的工程质量保证金。

(2)已拨付的款项包括已预付的工程款、代扣付的税金、运杂费、建设单位直接供应的材料、设备款以及本期支付的工程款等。对施工企业的进度或其他奖励不应包含在内。

(3)调整项目。①甲供料抵扣差异，包括建设单位多供应材料和设备款项，少抵扣施工企业应付工程款，应调减应付工程款；或者少供料多抵扣，应调增应付工程款。②代施工企业代扣税的建设单位，施工企业已完成施工和验工计价，财务部门已计列应付工程款，但建设单位由于资金紧张，未及时交纳税金，没有取得税务发票时，要将该部分未交的税款调减工程拨付款。③其他审计事项与资金拨付有关的各项款项。最后通过对调整因素的加减计算，资金拨付情况表反映的资金拨付差额数就是建设单位拨付各施工企业资金的状况,正数为欠付款,负数为超拨款。

复核资金拨付情况审计调查表还需要注意须取得建设单位所属审计时间段年度、季度和月度的施工计划和年度甲供料计划数。由于很多建设单位会经常做增加和减少的调整,为了保证施工计划数据的准确性,审计人员一定要取得经建设单位签认的施工计划和甲供料计划。应将验工计价表中已验工的金额数与财务计列基建投资成本金额数进行核对,查找差异,若有差异,分析形成原因是否合理。近几年基建审计实施的时间是在 9 至 11 月,有的建设单位当时提供的本年三季度验工计价是临时性的。在审计过后,有些单位会做适当的修改和调整,为避免差错,必须取得建设单位最终定稿的验工计价表,确保审计结论客观准确。

负责审计资金拨付内容的审计人员,还应经常与审计组内其他审计岗位的人员沟通交流,凡与资金拨付有关联的事项要多做了解,尤其要掌握是否存在超合同多验、虚验情况,并对已供应施工企业的甲供料与抵扣数进行仔细的复核。其他审计岗位的人员也应发扬团队协作精神,互相沟通,多做配合,以免审计漏项。

3. 结合实地勘察及验工计价资料审查资金拨付情况

经验丰富的审计人员通过实地勘察及审查验工计价资料也可以掌握建设资金管理的情况。铁路建设项目需要巨大的资金供给,资金计划、预算安排较为严谨,但仍存在建设资金欠拨的情况,严重的资金欠拨对工程影响较大。一般产生资金欠拨的原因主要有几个方面:一是施工企业存在虚计价情况,要求拨付工程款依据不充分;二是各类变更批复不及时;三是施工图量差过大,施工企业无法负担;四是建设单位的资本金及银行贷款未到位,无资金可拨付。

资金超拨付的原因主要有:一是施工时因实际需要发生了工程变更,但尚未取得批复,为保证工期超拨了工程款,审计人员应要求建设单位和施工企业对情况进行详细说明,并复核相应依据。同时进行实地勘察，了解工程实际进度状况，审核资金是否用在该项目上，并督促建设单位积极取得批复变更手续。二是建设单位按资金预算拨付资金，施工企业施工计划任务未能如期完成，造成超拨资金，须要求建设单位督促施工企业积极采取措施，加快施工进度，补回所欠任务。另外，审计人员须审查施工企业银行账户，落实超付的资金是否专款专用，是否挪作他用。如果出现挪在其他项目，或是施工企业上级单位超规定比例抽调管理费等情况，必须要求建设单位立即收回资金，规避风险。

实地勘察应从以下几方面入手查找问题。一是从工程量抽查入手。在挑选抽查内容时，需要按科学方法选择。在过程中，必须要深入工程现场，结合施工图纸和已报审资料认真核实工程量，一查工程计量是否符合工程量计算规则；二查各种数据是否和施工图纸相符；三查计算结果是否准确。二是从市场调研入手，尽量准确掌握材料价格。材料价格是决定工程造价的重要因素，材料消耗量，材料价差的调增、调减直接影响到工程造价的高低。所以对市场常用建筑材料价格及波动情况，审计人员要做到心中有数。在审计过程中对一些少有的特种建筑材料，有必要采取实地调查和电、函等多种形式查询，使进入计价的材料，价格都较为公允。三是从变更设计入手，严防重复计算。由于设计本身的时效及局限性，在施工过程中，设计变更和现场签证是时常发生的。在审计中如不能把设计变更和现场签证内容与原设计图纸和中标工程内容加以核对，核定调增，调减项目，就可能出现重复计算工程量问题。四是从定额套用入手，严格分清界限。抽查定额套用时，常结合管理日志、小结等资料进行。一查施工图设计的工作量是否全部完成，定额项目是否存在不符或缺失；二查定额项目所列资料、机械使用费等于监理现场记录是否相符；三查定额换算比例是否准确，依据是否充分。

2017 年，国家铁路局发布了《国家铁路局关于发布铁路工程造价标准的公告》(国铁科法〔2017〕30号),公布了《铁路基本建设工程设计概(预)算编制办法》《铁路基本建设工程设计概(预)算编制费用定额》等办法、制度,这些对规范铁路建设行为都具有十分重要的指导意义。

第三节 固定资产投资效益审计

2014年,中国铁路总公司审计和考核局印发了《铁路固定资产投资项目效益审计查证要点》(审计函〔2014〕7号),文件对铁路内部审计机构开展此项审计工作提出了查证要点,为加强和规范铁路企业固定资产投资效益审计工作,评价固定资产投资项目的效益性做出规范性指导。

一、评价内容

投资项目效益评价的重点内容是投资项目的经济性、投资管理的效率性和投资结果的效果性。

1. 经济性评价

在投资项目达到合格质量的条件下,评价其各种资源消耗是否最小化,主要关注项目投入的成本等情况。

2. 效率性评价

在投资项目使用功能、生产能力和效益一定的情况下,评价其投资成本是否实现最小化,或在投资成本一定的情况下,评价投资项目使用功能、生产能力和效益是否实现最大化,有无使用效率低下的问题。

3. 效果性评价

通过对投产项目可研批复等目标数据与实际数据的对比分析和运营状况的实际验证,评价项目预期目标是否达到,主要效益指标是否实现。

二、审计查证要点

铁路固定资产投资效益评价贯穿到项目实施全过程，重点关注从立项决策到投产使用的六个主要环节。

1. 以检查项目前期工作为基础进行投资决策环节效益评价

(1)拟建铁路项目的各项调查数据来源是否可靠，市场调查和预测是否科学，经济效益分析是否符合实际情况或经济发展的未来趋势。

(2)投资方向是否符合国家产业政策、技术政策、铁路实际，投资规模是否合理，建设标准是否适当，技术上是否先进、实用、可靠。

(3)资金筹措方案是否经济可行，做出的环境评价、财务评价、国民经济评价和社会评价是否准确。

(4)立项决策程序是否规范、科学、有效，论证是否充分，是否经过多方案比选，方案是否最大程度进行优化。

(5)对项目投资回收期、财务净现值、收益率等经济指标进行分析，预测项目建设投产后的获利能力。

2. 以检查设计情况为基础进行投资控制设计环节效益评价

(1)项目是否组织设计方案竞赛或设计招标，是否用技术经济方法组织评选设计方案。

(2)设计方案是否满足可行性研究提出的各项目标，是否经过优化，设计标准是否适度超前，设计是否能达到预期的使用功能并留有发展空间。

(3)编制设计概(预)算的指标、定额、计算方法是否正确，设计概(预)算组成内容是否完整。

(4)征地拆迁费、前期费用、预备费等是否合理。

(5)设计方案是否是保证完成项目目标的最优方案，投资与收益是否匹配，在保证经济效益的前提下是否最大程度降低投资，投入产出比是否科学合理。

3. 以检查招标情况为基础进行招标环节效益评价

(1)施工、监理、物资采购、工程咨询等是否按规定招标。

(2)标底编制是否委托有资质的机构编写，是否合规、完整。

(3)是否存在不招标或假招标，主体工程招标而附属工程不招标，是否有肢解项目规避招标的情况。

(4)有无通过虚假招标、指定分包方式搞违法分包、层层转包，是否存在中标单位资质不符合要求，有无围标、串标情况。

(5)是否按规定的期限完成招标，招标结果是否控制在批复的设计概(预)算内，是否通过招标控制工程投资，降低建设成本。

(6)是否存在不按中标价签订合同或对主要合同条款进行实质性修改，合同内容是否完整、准确。

4. 以检查建设管理情况为基础实施环节效益评价

(1)基本建设程序是否符合规定，各环节之间衔接时间是否合理。

(2)工程是否按照批准设计方案实施，工程质量是否合格。

(3)是否按批准设计概(预)算控制投资，各种材料、设备价格是否控制在概(预)算之内，工程变更是否必要。

(4)是否在实现设计意图的情况下降低建设成本，缩短工期。

(5)项目管理内控制度落实情况，评价管理各方履行职责情况以及管理工作是否规范、有效。

5. 以检查建设成本为基础进行资金管理使用环节效益评价

(1)检查建设资金是否按规定使用，有无被挤占、挪用、转移、截留，影响工程建设进度及资金效益的发挥。

(2)检查项目概(预)算执行情况以及工程结算、工程决算情况，是否根据施工合同、招投标文件等确定工程成本合理支出。

(3)有无随意改变建设内容、扩大建设规模、提高建设标准，是否存在因决策失误而发生投资损失和不必要的浪费。

(4)建设资金是否节约，财务费用支出是否合理，有无损失浪费等问题。

（5）分析比较投资概（预）算与投资完成情况、工程成本及单位生产能力投资，建设成本是否控制在批复概（预）算内，评价工程造价的高低，项目实施中的投资差异对经济效益、社会效益的影响。

6. 以投产后财务收支为基础对项目经济效益、社会效益和环境效益进行综合评价

（1）通过对建设工期与达到设计能力年限的对比分析，评价建设工期对投资效益的影响。

（2）设备和人员的配备是否合理，管理、维护和资源分配等方面是否完善。对其设计生产能力、实际运行能力及其他方面的差异等进行经济分析，评价项目使用功能、生产能力和效益是否实现最大化，使用效率是否合理。

（3）分析计算各项静态和动态财务指标，进行盈亏平衡分析，评价项目偿债能力、盈利能力等财务指标是否达到预期目标，实际运营情况是否与前期论证相符以评价经济效益。

（4）结合铁路行业的实际情况，采用定性评价与定量分析相结合的方法，评价项目是否达到设计要求，是否取得良好的社会效益和环境效益，进而对整个项目作出评价。

要求各级审计机构在安排铁路固定资产投资效益审计工作时，要结合本单位实际情况选择审计的项目。要针对审计项目的特点选派有相应专业知识的人员组成审计组，可抽借相应业务主管部门的人员或聘请社会中介机构专业人员参加审计组工作。具体查证时要结合铁路项目的具体情况，有重点地落实六个环节的查证要点，突出重点内容和重点环节，防止浪费审计资源。根据查证结果，围绕经济性、效率性和效果性进行评价，并针对存在的问题从投资管理的体制、机制上提出改进的建议。

2017 年，中国铁路总公司审计和考核局印发了《关于加强铁路大中型建设项目审计工作的通知》（铁总审〔2017〕244 号），文件明

确：各铁路局集团公司2017年开始，每年都要组织实施至少1项投资效益专项审计；从2018年起，可逐步开展建设项目建设程序、物资采购、合同管理等各种类型的专项审计，有条件的可开展概预算执行情况、工程造价审计等，实现对建设项目投资活动全过程进行监督评价。固定资产投资效益审计逐步受到重视。

第四节　建设项目中的虚计价

随着国家大规模基础设施建设的展开，铁路建设项目也有序推进。近几年，铁路建设项目的大力推进，过程中很难避免施工虚计价产生。产生铁路建设工程虚计价的原因很多，例如：建设单位为完成投资指标而与施工单位串通共同造假，变更设计未能及时批复、施工图量差过大施工单位无法负担、征地拆迁价差过大等，许多应计价而未能及时计价的支出导致施工单位垫资过大，无法继续垫资，导致虚计价的发生。建设单位及施工单位虚计价是屡禁不止的顽疾，审计人员在建设项目审计过程中如何寻找虚计价的蛛丝马迹，如何抽丝剥茧发现并精确定性虚计价问题，以下几点可作为启发：

(1)通过比对施工单位对建设单位的验工计价资料及施工单位对其下级项目部的验工计价资料，看两份验工计价资料费用项目、工程数量是否一致，如不符，则可能存在虚计价的行为。

(2)从资金拨付情况找线索。建设项目一般需要巨大的资金供给，没有资金保证是难以保证工程进度的，如果建设单位资金富余却又存在严重的资金欠拨现象，则可能存在虚计价。在这种情况下产生资金拖欠的原因主要有两个方面，一是施工单位存在虚计价情况，要求拨付工程款依据不充分，二是建设单位担心实际超进度拨付工程款，不敢再拨付。

(3)通过验工计价金额与施工单位实际成本支出比对找线索。对于一般的经济业务，收入和成本存在一定的比例关系，在对施工单位检查过程中，如发现施工单位验工计价收入与实际成本支出不匹配，验工计价收入大大超出实际成本支出，一般会存在虚计价问题。

(4)通过分析施工工序找线索，如有的工程基础尚未实施或完工，就已进行主体工程计价；有的隧道斜井尚未实施或完工，隧道中部的围岩就已计价。如果存在这种违反施工工序的验工计价内容，则可能存在虚计价的行为。

(5)通过监理业务资料找线索，如抽查汇总不同时段的监理日志的工作量，是否与监理周报(月报)的工作量一致，是否与验工计价工作量一致。再检查已验工计价的工作内容是否在监理日志记载的时间段内实施，如不符，则可能存在虚计价的行为。

(6)通过施工单位业务资料找线索，检查已验工计价的工作内容是否在施工日志记载的时间段内实施，如不符，则可能存在虚计价的行为。以及通过施工单位购入、使用材料找线索。

当找到可能存在虚计价问题线索后，我们一般采取以下几种方法进行查证确认。

(1)针对征地拆迁、“三电”迁改根据实际费用验工计价的项目，检查施工单位项目部的其他相关技术及财务资料(如合同、协议、发票等)从而计算具体虚计价金额。征地拆迁重点抽查五方签认手续是否超过部审批或备案的补偿标准，征地是可以超概的，但补偿标准是不能超的。尤其应关注建设单位自行与产权单位单另签协议的部分。经常存在征地超概后未及时验工计价的问题。临时用地的虚计价也经常发生，临时征地需要抽查补偿是否发放到被征人，需要抽查某地区某镇某村的具体发放情况。

(2)针对实体工程，通过到施工现场实地查勘，对照施工图纸，测量、计算实际工作量，再比对验工计价资料，施工单位施工组织资料，施工日志、监理日志，从而确定虚计价工作量。根据招投标资料及相关合同，确定其单价，从而计算具体虚计价金额。

(3)设计及监理的验工计价,尤其是验工往往不被重视,应按合同约定验工,设计应考核供图计划,监理考核监理大纲及监理小结,重点核实是否验工及验工程序是否合规。是否有考核制度,是否按考核制度进行了考核。

第八章　常用法律法规部分解读

第一节　有关财务、财物的法律法规

一、中华人民共和国会计法

【部分内容解读】

1. 新《中华人民共和国会计法》(以下简称新《会计法》)强调和扩大了单位负责人的法律责任,强化了会计人员的社会地位

单位负责人是单位的法定代表人,或者法律、行政法规规定代表单位行使职权的主要负责人,应对本单位的全部工作负责,理所当然也应对本单位的会计工作负责。新《会计法》特别强调了单位负责人是本单位会计行为的责任主体,这是此次修订的一个重大突破。它将从根本上解决会计信息失真和假账屡禁不止的现象,而原《会计法》将会计责任主体落实在单位负责人、会计人员和其他人员身上,要求人人负责,其结果往往无人负责。从实际情况来看,编造虚假会计信息等违法行为大多是在单位负责人的授意、指使、强令下进行的,会计人员因为担心受到被撤职、调离岗位等打击报复,因而无法拒绝办理违法会计事项,从而扰乱了会计工作秩序,进而影响到社会正常的经济秩序。新《会计法》赋予了会计机构和会计人员对违法事项依法独立进行处理的权力,不受单位负责人意志的支配,强化了会计人员的社会地位。

2. 新《会计法》健全和完善了会计记账规则,保证了会计核算的质量和会计作用的发挥

健全和完善会计记账规则,提高会计核算质量是这次新《会计

法》修订的重点。由于原《会计法》没有明确规定记账规则，而规定记账规则的"两则两制"又没有规定相应的法律责任，形成了《会计法》管不了记账，记账规则又缺乏法律约束力的"两张皮"。新《会计法》除对依法填制会计凭证、登记会计账簿、编制财务会计报告的程序和基本要求作出完善性规定外，还增加了第三章公司、企业会计核算的特别规定以及第二章第十九条"单位提供的担保、未决诉讼等或有事项，应当按照国家统一的会计制度的规定，在财务会计报告中予以说明"。另外对选用的会计处理方法及处理文字分别在第六条、第十五条、第十七条、第十八条、第二十条、第二十二条作出了详细的规定。第四十三条还对重拟经济业务事项、账外设账、随意改变会计确认标准或计量方法等常见的假账行为作了禁止性的规定，并在法律责任条款中具体指出了违反上述规定应负的法律责任。所有这些规定为保证会计工作的规范有序和会计资料的真实、完整，防止假账泛滥、信息失真、经济秩序混乱都将起到积极的作用。

3. 新《会计法》全面强化和完善了会计监督机制

按照原《会计法》的规定，实施会计监督的主体比较单一，主要是会计机构和会计人员。多年的实践证明，这种监督机制的作用是十分有限的。新《会计法》对"会计监督"一章作了较人的修改和补充，要求各经管经济业务事项的人员职责权限应当明确，并相互分离、相互制约；重大经济业务事项的决策和执行要相互制约，相互监督；财产清查的范围、期限和组织程序应当明确；对会计资料定期进行内部审计的办法和程序应当明确。对于会计的社会监督，新《会计法》增加了注册会计师进行审计的内容，从而从法律的角度上明确了有些单位必须接受注册会计师的审计，并核实出具有关审计报告，既为注册会计师开展审计工作提供了法律依据，又对会计中介机构有效发挥社会监督作用提供了法律保障。对于国家监督，新《会计法》明确规定国家监督的主体是财政部门，并对财政部门与其他政府部门，如审计、税务、人民银行、证券监管、保险监管等有关单位的会计资料实施监督检查的职责权限作出了规定。

4. 从业资格等事项进行明确

(1)修改后的新《会计法》自2017年11月5日起施行,也就是说从11月5号起,从事会计、财务工作就不再需要资格证书来证明。

(2)新《会计法》删除了关于从事会计工作的人员必须取得会计从业资格证书等规定,但对会计人员的专业能力、职业操守提出了严格要求,对违法会计人员的惩罚措施为:5年内不得从事会计工作,或者不得从事会计工作(视情节轻重)。

(3)财政部要求:"引导各单位自主择优聘用具备专业能力的会计人员,引导会计人员依法从业、遵守职业道德和持续保持专业胜任能力。"这是对行业的方向性引导,作为财务、会计工作者,应该知道以后的发展方向及提升点:①要加强专业能力,这里主要是指理论水平要提升,实际业务处理能力要加强。②遵纪守法,加强职业操守及诚信建设,防止进入财政部门的"黑名单"。

(4)明确以前的哪些会计类法律将被废止,哪些相关法律将进行修订更新。将废止的有:《会计从业资格管理办法》(财政部令第82号)、《会计从业资格管理办法》(财政部令第73号)、《会计从业资格考试管理规定》(财会〔2013〕19号)等。将修订的有:《代理记账管理办法》(财政部令第80号)、《会计人员继续教育规定》(财会〔2013〕18号)等。虽然会计证被取消了,但继续教育年检还是要每年定期进行。

(5)各省财政厅、局,抓紧涉及地方性法规的修订,就是各地方财政部门要尽快废止、修订与《新会计》法冲突的文件,财会人员要运用这些知识来保护自身合法权益。

(6)自新《会计法》施行之日起,取消会计从业资格认定,省级财政部门不再组织会计从业资格认定以及考试、证书核发和换发、调转登记等工作。

(7)省级财政部门已建会计从业人员信息管理系统,可结合会计人员管理职能转变进行升级改造，对相关数据资料妥善加以利用。

(8)已经取得的会计从业资格证书，不再作为从事会计工作的证明文件，但仍可作为能力水平的证明。

二、中华人民共和国物权法

长期以来财务和审计人员学科内容中都包含经济法学科，但其内容很少涉及《中华人民共和国物权法》(以下简称《物权法》)的相关知识，财务核算工作中重要的一项内容是对财物的收发、增减和使用进行核算，学习《物权法》有助于财务工作者对核算对象的进一步了解，起到预防法律纠纷之效果。

【部分内容解读】

1.《物权法》第二条说明了本法的适用范围

(1)"因物的归属和利用而产生的民事关系，适用本法。"说明本法只适用于民事关系。所谓民事关系，就是平等主体之间，由于民事行为产生的人身及财产关系。

(2)本法所适用的范围，只限于"因物的归属和利用"而产生的民事关系。

(3)本法所称的物有两类：一类是指动产和不动产；另一类是指"法律规定权利作为物权客体"。

所谓动产，是指能够移动而不损害其社会经济用途和社会经济价值的物。所谓不动产，是指社会经济用途和社会经济价值不能移动的财产，通常多指房地产。本法所说的动产和不动产应当都是指具有物的形态的有形财产。不过法学界对动产和不动产的定义还有不同的看法，本法没有界定，只能有待将来通过制定实施细则来加以明确了。

所谓"法律规定权利作为物权的客体"，是指权利是看不见的，不是物，但是法律规定某些权利可以作为物的客体(例如用电权之类)，那么这些权利也可看成物。由这些权利而产生的民事关系，则

“从其规定”,也就是哪个法律规定的,就服从哪个法律。这实际上是把这类物排除在本法调整的范围之外了。

(4)归属,就是属谁所有。例如房屋买卖后,原来属于业主的不动产,现在归属别人了。如果发生了纠纷,就要通过本法来调整。注意在物的归属发生改变时,不仅涉及民事关系,还涉及行政管理关系。例如,房产买卖行为要接受房产管理部门的监管和行政登记,不能完全依赖于本法。权属变更中也可能会产生触犯刑法的诈骗行为,特别是当事人逃避行政监管时,还需要通过刑法来处理。

利用,就是对物的使用。在对动产或不动产的使用过程中产生的民事关系,例如在使用音响器材声音过大影响了他人,产生了纠纷,这可以适用本法调整。同样,在利用动产和不动产中,不仅会产生民事关系,也会产生行政管理关系,同样不能用本法去对抗。

(5)本法对物权做了如下界定:“是指权利人依法对特定的物享有直接支配和排他的权利,包括所有权、用益物权和担保物权。”从本法的条文看,物权包含以下内容:

①“所有权”的“种类”中包括的内容是:国家所有权和集体所有权、私人所有权业主的建筑物区分所有权相邻关系权共有权。

②“用益物权”中包括的内容是:土地承包经营权建设用地使用权宅基地使用权地役权。

③“担保物权”中包括的内容是:抵押权(包括一般抵押权、最高额抵押权)、质权(包括动产质权、权利质权)、留置权。

概括起来,就是三个种类十一项内容。

2. 共有人的优先购买权

(1)按份共有人可以转让其享有的共有份额。

《物权法》第一百零一条第一句规定了在共有关系存续期间,按份共有人有权转让其享有的共有的不动产或者动产份额。《中华人民共和国民法通则》第七十八条中规定:“按份共有财产的每个共有人有权要求将自己的份额分出或者转让。”共有人转让共有份额后,受让人可能继续与其他原共有人共有,或者分割共有份额。共有人请求分割共有物的行为是一种单方法律行为,一经做出即生效力。分割共有物的方法依据当事人约定,如果当事人没有约定或约定不明时,则按照以下方法加以分割:如果共有物能够分割,则将共有物按照共有人各自的份额加以分配;如果共有物不适合分割,如分割会减少共有物的价值,则可以将共有物拍卖或变卖而分割其价金,或者共有人之一人取得共有物,向其他共有人按照各自的份额支付相应的对价。

在一般情况下,按份共有人转让其享有的共有份额,无须得到其他共有人同意。但各共有人不得侵害其他共有人的利益,并受法律的限制。法律有特别规定的,共有人处分其份额应遵守法律的规定。此外,在共有关系中有禁止共有人出让其份额的约定的,对共有人应当具有约束力。共有人之一不按照约定处分自己应有份额的,应当无效。但是这种约定是对所有关系的特别限制,不能对抗善意第三人,如果第三人受让其份额为善意无过失,发生共有份额所有权转移的后果。

(2)共有人转让其份额时其他共有人享有优先购买权。

《物权法》第一百零一条第二句规定了共有人转让其份额时其他共有人在同等条件下享有优先购买权。此处“同等条件下”是指其他共有人就购买该份额所给出的价格等条件与欲购买该份额的非共有人相同。即当其他共有人与此外的其他人出价相同时,其他共有人有优先购买的权利。法律规定其他共有人优先购买权,是为了简化共有关系,防止因外人的介入而使共有人内部关系趋于复杂。此处优先购买权是共有人相对于非共有人而言的,在共有人之间并无优先的问题,当数个共有人均欲行使其优先购买权时,应由出卖人自行决定。此种优先购买权仅具有债的效力,不得对抗善意第三人。

而且共有人有相反的约定的，依其约定。关于共有人的优先购买权，我国现行法律、其他国家和地区法律都有类似规定。如《中华人民共和国民法通则》第七十八条中规定："按份共有财产的每个共有人有权要求将自己的份额分出或者转让。但在出售时，其他共有人在同等条件下，有优先购买的权利。"《中华人民共和国合同法》第三百四十条中规定："合作开发完成的发明创造，除当事人另有约定的以外，申请专利的权利属于合作开发的当事人共有。当事人一方转让其共有的专利申请权的，其他各方享有以同等条件优先受让的权利。"

第二节　有关审计的法律法规

一、中华人民共和国审计法

【部分内容解读】

1. 审计机关的职责调整

将使用财政资金的事业组织、国有资本占控股地位或者主导地位的金融机构、以政府投资为主的建设项目纳入审计监督范围，明确了审计机关任期经济责任审计的法律地位，调整了应当建立健全内部审计制度的单位范围，明确了审计机关核查社会审计机构出具的相关审计报告的职责。

修订后的《中华人民共和国审计法》（以下简称《审计法》）第二十一条将原《审计法》第二十二条修改为："对国有资本占控股地位或者主导地位的企业、金融机构的审计监督，由国务院规定。"

本条修改主要有以下三点考虑：

（1）以"国有资本"取代"国有资产"。因为出资人即股东的权益不是实物形态的资产，而是以资本权益形态体现的财产权利。只有"国有资本"才能形成股权，才有是否控股的问题，而"国有资产"本身并不能控股。

(2)将国有资本占控股地位或者主导地位的金融机构纳入审计监督范围。随着我国国有金融机构股份制改革的不断深化,纯粹国有的金融机构将越来越少,取而代之的是股份制等多种所有制形式的金融机构,如不将其纳入审计监督范围,大量国有资产将得不到有效的审计监督。

(3)对国有资本占控股地位或者主导地位的企业、金融机构的审计监督,有其特殊性。之所以规定对这类单位进行审计监督由国务院规定,主要是考虑到其具有的特殊性。

理解本条规定,应注意把握以下三点:

(1)根据《审计法实施条例》,审计机关有权对国有资本占控股地位或者主导地位的企业、金融机构进行审计监督。《审计法实施条例》第十九条规定了审计机关对国有资产占控股地位或者主导地位的银行或者非银行金融机构,可以进行审计监督;第二十条规定了审计机关对国有资产占控股地位或者主导地位企业进行审计监督的具体范围。实际工作中,审计机关一直在对国有资本占控股地位或者主导地位企业、金融机构进行着审计监督。这次《审计法》修订并没有扩大对企业、金融机构审计监督的范围。

(2)应接受审计监督的国有资本占控股地位或者主导地位的企业、金融机构,既包括国有资本占绝对控股或者主导地位的企业、金融机构,也包括国有资本占相对控股或者主导地位的企业、金融机构。根据《审计法实施条例》第二十条的规定:“审计机关既可以审计国有资本占资本总额百分之五十以上的企业;也可以审计国有资本占资本总额的比例不足百分之五十,但是国有资本投资者实质上拥有控制权的企业。”参照这一规定,本条修订可以理解为:审计机关对国有资本占资本总额的比例超过百分之五十,以及国有资本占资本总额的百分之五十(含)以下,但是国有资本投资者实质上拥有控制权的企业、金融机构的资产、负债、损益,依法进行审计监督。

(3)国务院应当对国有资本占控股地位或者主导地位的企业、

金融机构进行审计监督作出明确规定。根据《审计法》的授权，国务院应当就审计机关对国有资本占控股地位或者主导地位的企业、金融机构进行审计监督的具体范围作出明确规定，而且应当根据其特殊性，作出不同于纯粹国有企业、金融机构的特殊程序性规定。比如，可以考虑规定："年度审计项目计划确定对国有资本占控股地位或者主导地位的企业、金融机构进行审计的，审计机关应当事先与有关主管部门、监管部门和被审计单位进行沟通。年度审计项目计划确定后，应当及时通知被审计的企业、金融机构。"又比如，可以规定："审计机关向社会公布上市公司审计结果的，应当在公布审计结果三日前，将公布的内容告知该上市公司。"这样可以给被审计单位一定时间来主动向监管部门和股东报告、披露。

2. 调整了建设项目审计监督的范围

修订后的《审计法》第二十二条将审计机关对建设项目审计监督的范围由"国家建设项目"调整为"政府投资和以政府投资为主的建设项目"。

这样修改主要是考虑：随着国家投融资体制改革的深入，建设项目的投资主体、融资渠道多元化，纯粹政府投资的建设项目相对减少，多元化投资的建设项目逐渐增多，"国家建设项目"的内涵已不甚明确。多元化投资的建设项目可能占有、使用大量的政府投资资金，其利益主体相对缺位，国家利益最易受到侵害，所以应明确"政府投资和以政府投资为主的建设项目"应当接受审计监督。

3. 明确了经济责任审计的法律地位

修订后的《审计法》增加一条，作为第二十五条："审计机关按照国家有关规定，对国家机关和依法属于审计机关审计监督对象的其他单位的主要负责人，在任职期间对本地区、本部门或者本单位的财政收支、财务收支以及有关经济活动应负经济责任的履行情况，进行审计监督。"

为了推动经济责任审计工作的进一步开展，加强对领导干部的监督，促进领导干部认真履行职责，有必要在总结近几年实践经验的基础上，将经济责任审计工作上升到法律的高度加以规定，以适应依法治国和依法行政的要求。

理解这条规定，应注意把握以下两点：

(1)本条关于经济责任审计的规定比较原则，主要是明确其法律地位，具体内容应由国务院通过制定行政法规予以规定。各级审计机关具体开展经济责任审计工作，除了应当执行《审计法》和《审计法实施条例》作出的一般性规定外，还应当按照国家有关规定进行。

(2)本条规定的经济责任审计对象的范围包括国家机关的主要负责人和依法属于审计机关审计监督对象的其他单位的主要负责人。本条规定中虽然没有列举经济责任审计对象涉及具体单位范围，但可以认为经济责任审计对象的范围与目前上述国家有关规定确定的经济责任审计对象范围是一致的，包含了省部级(含)以下的行政机关、国家的事业单位、国有及国有资本占控股地位或者主导地位的企业和金融机构，以及地方党委、法院、检察院等机关、团体的主要负责人。而且，这里的负责人是指“依照国家有关规定”应接受经济责任审计的由组织、人事等部门管理的国家工作人员，不会涉及国有及国有资本占控股地位或者主导地位的企业和金融机构中的外籍负责人等非国家工作人员。

4. 调整了应建立内部审计制度的单位范围

修订后的《审计法》第二十九条规定：“依法属于审计机关审计监督对象的单位，应当按照国家有关规定建立健全内部审计制度；其内部审计工作应当接受审计机关的业务指导和监督。”

随着我国社会主义市场经济体制改革的深入，有必要进一步调整应当建立健全内部审计制度的单位范围。

理解本条规定，应注意把握以下四点：

(1)本条规定所概括的应当建立健全内部审计制度的单位范

围，与原《审计法》的规定相比并没有缩小，反而有所扩大，并且具有一定弹性。与原《审计法》的规定相比，将不属于政府部门的国家机关、使用财政资金的事业组织、国有资本占控股或者主导地位的企业和金融机构等均纳入了应建立健全内部审计制度的单位范围。而且现行及今后其他法律、法规规定的属于审计监督对象的单位，均应当依法建立健全内部审计制度。

(2)建立健全内部审计制度不仅仅是作为国家审计的必要补充。内部审计能够为属于审计机关审计监督对象的单位加强内部控制，提高财政收支、财务收支的真实、合法和效益程度，能够协助审计机关履行好职责，这是法律要求其必须建立健全内部审计制度的一条重要理由，但内部审计的功能和作用不仅限于此，内部审计产生的根本动因应当是单位内部管理的需要。内部审计是为增加组织价值，促进组织目标实现而存在的。

(3)《审计法》规定范围之外的单位也可以建立健全内部审计制度。本条规定涉及的单位必须建立健全内部审计制度。其他的单位，如私营企业，国有资本非控股企业等，也可以根据自身管理的需要，建立健全内部审计制度。

(4)审计机关可以通过内部审计职业组织对内部审计工作进行业务指导和监督。本条规定，内部审计工作应当接受审计机关的业务指导和监督。目前，中国内部审计协会和各地内部审计协会根据审计机关的委托，承担着对内部审计工作的业务指导和监督职能，为内部审计工作的健康发展发挥了重要作用。虽然在《审计法》中没有对内部审计协会的职能和地位作出明确规定，但可以考虑在《审计法实施条例》修订中明确其法律地位，原则性规定："审计机关对内部审计工作的业务指导和监督，可以通过内部审计职业组织进行。"

5. 明确了审计机关对社会审计机构出具的相关审计报告的核查职责

修订后的《审计法》第三十条规定："社会审计机构审计的单位依法属于审计机关审计监督对象的，审计机关按照国务院的规定，有权对该社会审计机构出具的相关审计报告进行核查。"

这样修改主要有以下两点考虑：

(1)适应社会审计机构管理体制变化，体现财政部、审计署的"三定"规定精神。1998年机构改革时，国务院将审计署指导和管理社会审计的职能划归财政部，审计署只对社会审计业务质量进行监督检查。这次《审计法》修订进一步对其予以明确。

(2)符合审计工作的实际需要并具有专业优势。审计机关核查社会审计机构出具的相关审计报告，监督社会审计机构业务质量，是与日常审计工作密切相关的。有些审计事项必然要涉及或延伸到社会审计机构的审计结果。如果审计机关失去这一职能，将会使审计工作遇到很大阻力和困难，有些问题将难以查清。而且审计机关监督社会审计机构具有专业优势。审计机关和社会审计机构在审计内容、程序和方式方法等方面有许多相似之处，审计机关成立二十年来积累了大量的审计经验，承担对社会审计机构的审计业务质量检查监督有专业上的优势。同时，由于不承担对社会审计机构的指导和管理职能，与社会审计机构之间没有行政管理和经济上的利害关系，审计机关对社会审计机构的核查工作，地位相对超脱，能够客观、公正地作出评价。

理解本条规定，应注意把握以下三点：

(1)审计机关负责核查的审计报告，仅限于社会审计机构对依法属于审计机关审计监督对象的单位出具的审计报告。社会审计机构对依法属于审计机关审计监督对象以外的单位出具的审计报告，审计机关不进行核查。

(2)审计机关核查社会审计机构出具的相关审计报告，包括核实和检查，是以核查审计报告为载体，主要核查相关审计报告的业务质量。

(3)审计机关通过检查社会审计机构的相关审计档案,延伸审计有关被审计单位,对社会审计机构出具的相关审计报告遵守法律、法规和独立审计准则等情况,进行核实和检查。审计机关对社会审计机构出具的相关审计报告,可以结合审计或专项审计调查进行核查,也可以专门组织核查。

6. 审计机关的新增权限

与原《审计法》相比,修订后的《审计法》在审计机关权限方面有了较大进步。主要体现在审计机关有权要求被审计单位提供并检查被审计单位财政收支、财务收支电子数据及其管理系统,查询被审计单位在金融机构的账户、以个人名义在金融机构的存款,封存有关资料以及违反国家规定取得的资产。另外,审计机关还有权提请公安、监察等机关予以协助。

(1)检查被审计单位财政财务收支电子数据及其管理系统。

修订后的《审计法》第三十一条增加了审计机关要求被审计单位提供"运用电子计算机储存、处理的财政收支、财务收支电子数据和必要的电子计算机技术文档"的权限;同时,第三十二条规定,审计机关进行审计时,有权检查被审计单位"运用电子计算机管理财政收支、财务收支电子数据的系统"。

增加这两项权限的理由主要有以下四点:

①目前被审计单位普遍采用电子数据管理系统处理财政收支、财务收支数据,利用电子数据进行审计,是审计工作适应信息化发展的必然要求。

②电子数据和相关计算机技术文档在本质上属于有关财政收支、财务收支的资料。

③电子数据管理系统是否安全可靠,直接涉及财政收支、财务收支数据的真实和完整。

④《审计法实施条例》和《国务院办公厅关于利用计算机信息系统开展审计工作有关问题的通知》等已经授权审计机关检查电子数

据及其管理系统。

⑤国外审计机关普遍有权检查被审计单位的电子数据及其管理系统。

审计机关在行使这项权限时,应当注意把握以下四点:

①被审计单位必须按照审计机关规定的期限和要求,提供电子数据和计算机技术文档等资料,可以在实施审计时要求被审计单位提供,也可以在非审计时要求被审计单位定期提供。被审计单位提供的电子数据必须符合财务会计核算软件数据接口国家标准或者审计机关要求的格式。

②审计机关检查被审计单位的电子数据管理系统并不仅仅局限于财务会计核算系统。有的财务会计核算功能嵌入在其他系统之中;有的财务会计核算系统和其他系统紧密整合在一个大的系统之中,相互调用数据;有的财务会计核算系统的基础数据是由业务管理系统自动生成的。审计机关有权检查所有可能影响财政收支、财务收支电子数据的系统,而不管这个系统的名称是什么。

③审计机关在检查电子数据管理系统时,应充分关注该系统是否存在违反财务会计规定的逻辑错误,是否能够防范非法修改数据,还应该充分关注该系统是否故意为被审计单位预留了“舞弊”功能。使用功能强大的审计软件可以导入被审计单位的原始数据,重新计算,生成报表,将二者产生的最终报表进行比较,就能发现被审计单位电子数据管理系统存在的大部分问题。

④审计机关在检查电子数据管理系统时,要确保该系统的安全,并严格保密。审计人员需要使用较高权限的用户身份进入该系统,任何一个误操作都可能导致严重后果。因此,审计人员一般不应在实时运行的系统上进行检查,而应该建立起备份系统或者测试系统进行检查。如果确实需要在实时运行的系统上检查,审计人员不能影响系统的正常运行,不得向该系统中写入或改写任何信息。审计机关在检查电子数据管理系统时,可能涉及财务数据、业务数据、数

据结构、软件程序等内容，必须严格遵守被审计单位的有关规定，履行必要手续，并严格保密。

(2)查询被审计单位在金融机构的账户和以个人名义在金融机构存储的公款。

修订后的《审计法》第三十三条增加第二款规定："审计机关经县级以上人民政府审计机关负责人批准，有权查询被审计单位在金融机构的账户。"增加第三款规定："审计机关有证据证明被审计单位以个人名义存储公款的，经县级以上人民政府审计机关主要负责人批准，有权查询被审计单位以个人名义在金融机构的存款。"

赋予审计机关查询被审计单位在金融机构的账户的权限，这是吸收《审计法实施条例》的相关规定制定的，对被审计单位在金融机构的账户进行监督，既是审计机关审计监督的重要内容，又是审计机关履行审计职责的必需手段。

赋予审计机关查询被审计单位以个人名义在金融机构的存款(以下简称公款私存的账户)的权限，理由主要有以下四点：

①被审计单位将公款以个人名义存储在金融机构，其背后往往隐藏着挪用公款等严重违法犯罪问题。

②《国务院关于加强审计执法几个问题的通知》已经授权审计机关查询单位以个人名义在金融机构的存款。

③按照现行规定，监察机关、银行业监管机构和证券监管机构都享有查询个人存款的权限。

④部分外国审计机关有权查询个人存款。

审计机关行使这两项查询权，应注意把握以下四点：

①审计机关查询被审计单位在金融机构的账户，不仅包括正在使用的账户，还包括审计期间内曾用过的账户；不仅包括交易频繁的账户，还包括长期不发生交易的账户；不仅包括银行账户，还包括在证券公司、期货公司等金融机构开立的账户。审计机关不仅有权查询账户余额，而且有权查询开户日期、开户经办人、预留印鉴、销户日

期、交易记录、交易对方账号、交易对方账户名称等信息。

②为了防止审计机关滥用查询权侵犯公民隐私，审计机关必须首先有证据证明被审计单位以个人名义存储公款，才可以查询该存款。目前对此还没有明确规定，审计机关如发现被审计单位存在将单位公款转入个人存款账户，从个人存款账户中频繁支付应由单位公款支付的款项，或者将个人存折存放在单位财务部门保险柜内等情形且无合法理由，可以视为有证据证明被审计单位以个人名义存储公款。

③审计机关查询被审计单位在金融机构的账户和公款私存的账户时，应该执行严格的程序。查询被审计单位账户，必须持县级以上人民政府审计机关负责人（正职或副职）签发的查询通知书；查询被审计单位以个人名义存储公款的账户，必须持县级以上人民政府审计机关主要负责人（正职）签发的查询通知书。此外，审计人员查询金融账户还应持工作证件和审计通知书，应当提供金融机构名称、账户名称及账号。审计机关在查询时，可以抄录、复印或者拍照，但不得将原件借走。

④审计机关查询被审计单位在金融机构的账户和公款私存的账户，负有保密义务。特别是在查询被审计单位以个人名义存储公款的账户时，该账户可能同时包含个人储蓄存款，审计机关通过查询该账户就获得了包括个人储蓄存款信息在内的所有资料信息。对于与被审计单位财政收支、财务收支无关的个人储蓄存款信息，审计人员必须严格保守秘密，不得披露，也不得用于其他目的。修订后的《审计法》第五十二条增加了审计人员泄露所知悉的秘密的责任追究内容。

（3）封存有关资料和违反国家规定取得的资产。

修订后的《审计法》第三十四条规定，对被审计单位转移、隐匿、篡改、毁弃会计凭证、会计账簿、财务会计报告以及其他与财政收支或者财务收支有关的资料，或者转移、隐匿所持有的违反国家规定取得的资产的行为，审计机关“有权予以制止；必要时，经县级以上人民政府审计机关负责人批准，有权封存有关资料和违反国家规定取得的资产；对其中在金融机构的有关存款需要予以冻结的，应当向人民法院提出申请”。

增加这项权限的理由主要有以下四点：

①封存有关资料和资产，是审计机关查清事实，顺利取证，维护国家利益的有效手段。

②原《审计法》《审计法实施条例》和《财政违法行为处罚处分条例》等已经赋予了审计机关封存有关资料权限。

③由申请法院采取财产保全措施改为审计机关直接封存有关资产，有利于分清责任，提高效率。

④国外审计机关通常享有类似权限。

审计机关行使上述封存权，应注意把握以下三点：

①审计机关对被审计单位转移、隐匿、篡改、毁弃会计凭证、会计账簿、财务会计报告以及其他与财政收支或者财务收支有关的资料，转移、隐匿所持有的违反国家规定取得的资产的行为，首先应予以制止。只有在制止无效，并充分考虑必要性和可行性的前提下，才能采取封存有关资料和违规资产的强制措施，但对其中在金融机构的有关存款需要予以冻结的，应当向人民法院提出申请。

②审计机关有权封存的被审计单位“违反国家规定取得的资产”，主要包括：弄虚作假骗取的财政拨款、银行贷款以及物资；违反国家规定享受国家补贴、补助、贴息、免息、减税、免税、退税等优惠政策取得的资产；违反国家规定向他人收取的款项、实物；违反国家规定处分国有资产取得的收益等。

③审计机关应严格依照法定权限和程序，谨慎使用封存权，高度关注被封存的资料和资产的安全，不得影响被审计单位合法的业务活动和生产经营活动。一是必须经县级以上人民政府审计机关负责人批准才能封存有关资料和资产。目前还没有相关程序的具体规

定，一般情况下应有县级以上人民政府审计机关负责人的书面批准。二是原则上采取就地封存方式，应当制发封存通知书。封存通知书应当载明封存的依据、封存的资料或资产范围、封存期限、被审计单位的保管义务等内容，由审计机关负责人签发。三是实施封存时，审计机关和被审计单位双方人员应到场，对封存的资料和资产进行清点，填制封存清单，双方签字，各持一份，并在封存的资料和资产上加贴盖有审计机关印章的封条。四是审计机关在封存有关资料和资产后应当及时作出处理决定，及时解除封存。在此期间被审计单位不得销毁或者转移有关资料和资产。

以上的审计机关权限为审计机关履行审计监督职责提供了必要手段，必将有力地推动我国审计事业的发展。它们又是一把“双刃剑”，使用不当会给审计机关带来很多风险，这就要求广大审计人员不断提高依法行政意识和专业胜任能力，正确行使审计机关的权限。

二、中华人民共和国审计法实施条例

【部分内容解读】

1. 加大审计结果公开力度

公开审计结果的威慑力远远大于审计本身，新条例进一步扩大了可以公布的审计结果的范围。

原条例将审计结果的公布范围限于以下三种：本级政府和上级审计机关要求公布的、社会公众关注的、法律法规要求公布的。

为加大审计结果公开力度，新条例取消了这一限制规定，但是审计机关公布对会计师事务所相关审计报告的核查结果时，需与有关主管机关协商。另外，考虑到上市公司的特殊性，审计机关拟向社会公布对上市公司的审计、专项审计调查结果的，应当在 5 日前将拟公布的内容告知上市公司。

审计结果公开的范围越大，对审计质量要求也越高。这就要求审计工作质量和水平应不断提高。

2. 加强审计机关内外部监督

新条例加强了对审计机关的内部监督和对审计机关的外部监督。

一是加强了审计机关的内部监督。根据《审计法》的规定，地方各级审计机关对本级人民政府和上一级审计机关负责并报告工作，审计业务以上级审计机关领导为主。关于审计机关的内部监督，一个重要的方面就是，上级审计机关对下级审计机关的业务监督。新条例进一步明确了审计机关内部层级监督制度。

新条例规定，上级审计机关应当对下级审计机关的审计业务依法进行监督。下级审计机关作出的审计决定违反国家有关规定的，上级审计机关可以责成下级审计机关予以变更或者撤销，也可以直接作出变更或者撤销的决定；审计决定被撤销后需要重新作出审计决定的，上级审计机关可以责成下级审计机关在规定的期限内重新作出审计决定，也可以直接作出审计决定。为督促下级审计机关依法作出审计决定，新条例还规定，下级审计机关应当作出而没有作出审计决定的，上级审计机关可以责成下级审计机关在规定的期限内作出审计决定，也可以直接作出审计决定。

二是加强了对审计机关的外部监督。《审计法》规定了对有关财政收支的审计决定不服的可向本级人民政府申请裁决，对有关财务收支的审计决定不服的可依法申请行政复议或提起行政诉讼。据此，新条例规定对有关财政收支的审计决定不服的，被审计单位可以自审计决定送达之日起 60 日内，提请审计机关的本级人民政府裁决，裁决由本级人民政府法制机构办理。对有关财务收支的审计决定不服的，被审计单位可以依法申请行政复议或者提起行政诉讼；审计机关应当在审计决定中告知被审计单位申请行政复议或者提起行政诉讼的途径和期限。

三、审计署关于内部审计工作的规定

【部分内容解读】

1. 内部审计职责范围的拓展

内部审计的历史是一部审计职责演进的历史。内部审计的职责决定了内部审计的定位,界定了内部审计的工作范围,也指出了特定的历史时期国家关于内部审计发挥何种功能的总体需求和内部审计工作的努力方向。2003 年版的《审计署关于内部审计工作的规定》(以下简称《规定》)将内部审计的职责范围限定在了“财政收支、财务收支、经济活动”范围。新《规定》则拓展了这一范围,在原来的基础上增加了内部控制与风险管理等内容。

内部控制与风险管理是一个完整的系统工程,无论企业、行政事业单位目前都在建设、完善和评价。内部控制实质是一个流程化管理工具,它将共性的问题通过流程化管理的模式固化下来,通过标准化、规范化的表单形式,明确部门、岗位职责权限,尤其是价值链条中各种不同角色的职责权限,并最终通过信息化固化流程,提升内部控制体系运行的效率。当然,风险为导向的内部控制建设与评价工作仅解决了组织内部的风险问题,还需要借助于风险管理体系建设识别、评估、应对那些外部可能存在的风险问题。这与当前一个组织所面临的不确定性越来越多有关,这种不确定性来自于外部(既有政府,或有竞争者、供应商、客户等外部利益相关者),需要运用风险的理念来系统解决问题。这样,随着内部审计职责范围拓展到内部控制与风险管理,会将内部审计延伸到整个单位管理流程,将短期目标与长远目标相结合,有利于促进被审计单位运用内部控制与风险管理体系建设系统解决财政财务收支、经济活动中存在的突出问题,避免屡审屡犯。同时,这种系统化的建设也为审计流程的切入提供了很多审计线索和痕迹。而最终内部控制与风险管理的信息化程度越高,内部审计随之的信息化程度就会越高,被审计因此构建的大数据运用的效果也会更加明显。

2. 明确了新时代下内部审计的工作方向

我国内部审计设立从一开始就具有不同于西方国家的特殊背景。我国的内部审计机构是作为国家审计职能的延伸设置在组织内部的,从开始就具有浓厚的行政色彩,需要接受审计机关的指导、监督和管理。因此《规定》所指出的内部审计具体工作方向不可能撇开我国国有经济占主导地位这一特殊背景。但一直以来,国家审计与内部审计在一定程度上针对国有经济部分存在界限的模糊性和重复审计的问题。这使得部分国有单位认为内部审计无须设置,甚至弱化内部审计职能的问题,仅重视和强调一些财务审计、领导干部任期经济责任审计、基建工程审计工作,市场化程度高一些的企业主张内部审计的增值功能。新《规定》一方面指出了区别于 2003 年版的工作重点,也指出了新时代下国有经济规范发展、防范风险和提质增效应该履行的具体职责。例如,增加了贯彻落实国家重大政策措施情况审计,发展规划、战略决策、重大措施以及年度业务计划执行情况审计,自然资源资产管理和生态环境保护责任的履行情况审计,境外审计、内部控制风险管理情况审计等,这些都是当前社会针对国有经济关注的焦点,也是国家审计关注的重点。但事实上国家审计的资源也是有限的,需要利用内部审计的工作结果。因此,《规定》的第二十二条指出,审计机关在审计中,特别是在国家机关、事业单位和国有企业三级以下单位审计中,应当有效利用内部审计力量和成果。对内部审计发现且已经纠正的问题不再在审计报告中反映。这就避免了国家审计与内部审计资源交叉的浪费和重复审计的问题。同时,内部审计被赋予的历史使命责任更大后,对内部审计人员能力的要求变得更高。

3. 内部审计职能由监督评价向服务建议转变

内部审计职能是指内部审计本身所固有的内在功能,并可以反映出内部审计的本质。2018 年版的《规定》在监督与评价的基础上增加了建议功能。这反映出内部审计的本质不仅是监督与评价,更重要的是从服务的角度提供建议。而这种建议的落脚点往往是在内部控制与风险管理体系的完善上。这与内部审计的职业特征有关。因为,内部控制与风险管理是内部审计职业的法宝,也是最擅长的专业技能。这一点,也与《国际内部审计实务标准》的咨询服务不谋而合。当然,居于一个组织内部的审计组织,不能因此帮助管理者去落实建议的实施,这会损害内部审计的独立性。

4. 增加了内部审计促进被审计单位完善治理的目标

内部审计是公司治理的基石,企业风险管理的第三道防线。内部审计作为公司治理监督制衡机制的重要组成部分,其作用不可缺少。长期以来,我们强调内部审计增值目标的实现,忽视内部审计在一个单位组织架构中的权力制衡功能。将内部审计作用的发挥落在了具体业务流程层面上,忽视在单位层面治理结构中它所发挥的作用。这会造成内部审计作用范围的局限性与权威性的缺失。内部审计在内部控制与风险管理领域的作用发挥,有利于支撑内部审计推动治理体系的完善。

国有企业应该建立总审计师制度,新《规定》第二章第六条规定:国有企业应当按照有关规定建立总审计师制度,总审计师协助党组织、董事会(或者主要负责人)管理内部审计工作。同时明确下属单位、分支机构较多或者实行系统垂直管理的单位的内部审计机构对全系统内部审计工作负有指导和监督职责。

早在2014年审计署下发《内部审计工作规定(征求意见稿)》中就规定,大型国有和国有资本占控股地位或者主导地位的企业,或者有关规定对设立总审计师有明确要求的企业,应设置总审计师,对内部审计的整体质量负责。并明确总审计师应作为企业的高级管理人员,协助高级管理层主要负责人分管企业内部审计工作,向董事会和高级管理层主要负责人负责并报告工作。一段时间,该规定引发社会的热议。然而一直以来,此事并非易事。直至2018年《规定》的出台，该制度终于得到落实。

长期以来，由于总审计师制度在国家的政策层面上，尤其是国有企业内部审计机构设置上没有得到率先垂范，造成现实中内部审计机构的设置层次一般较低，从地位上不如总会计师。因此，内部审计机构从地位上低于其他部门，造成权威性不足和级别不对称，增加了审计的难度，审计实务中也显得力不从心。由于缺少设置总审计师的政策依据，审计机构负责人不能进入领导班子，造成审计无法参与企业管理层重大决策的研究和决定。审计往往都是事后进行审计，实质是亡羊补牢，为时晚矣。审计无法发挥事前监督和事中的介入，自然也就无法参与、渗透、深入企业生产、经营的全过程之中，影响审计的广度和深度。

现实中，由于总审计师设置上的问题，内部审计总会遇到许多需要协调的关系问题，需要“一把手”出面协调，其结果往往各打五十大板，无形之中降低了审计的效率和效果性，造成审计的难度加大，审计覆盖面不足。而总审计师协助党委或者董事会负责管理内部审计工作有利于提升内部审计工作的地位和权威性。

附件　常用法律法规

一、中华人民共和国会计法

(1985 年 1 月 21 日第六届全国人民代表大会常务委员会第九次会议通过　根据 1993 年 12 月 29 日第八届全国人民代表大会常务委员会第五次会议《关于修改〈中华人民共和国会计法〉的决定》第一次修正　1999 年 10 月 31 日第九届全国人民代表大会常务委员会第十二次会议修订　根据 2017 年 11 月 4 日第十二届全国人民代表大会常务委员会第三十次会议《关于修改〈中华人民共和国会计法〉等十一部法律的决定》第二次修正)

第一章　总　　则

第一条　为了规范会计行为,保证会计资料真实、完整,加强经济管理和财务管理,提高经济效益,维护社会主义市场经济秩序,制定本法。

第二条　国家机关、社会团体、公司、企业、事业单位和其他组织(以下统称单位)必须依照本法办理会计事务。

第三条　各单位必须依法设置会计账簿,并保证其真实、完整。

第四条　单位负责人对本单位的会计工作和会计资料的真实性、完整性负责。

第五条　会计机构、会计人员依照本法规定进行会计核算,实行会计监督。

任何单位或者个人不得以任何方式授意、指使、强令会计机构、会计人员伪造、变造会计凭证、会计账簿和其他会计资料,提供虚假财务会计报告。

任何单位或者个人不得对依法履行职责、抵制违反本法规定行为的会计人员实行打击报复。

第六条 对认真执行本法,忠于职守,坚持原则,做出显著成绩的会计人员,给予精神的或者物质的奖励。

第七条 国务院财政部门主管全国的会计工作。

县级以上地方各级人民政府财政部门管理本行政区域内的会计工作。

第八条 国家实行统一的会计制度。国家统一的会计制度由国务院财政部门根据本法制定并公布。

国务院有关部门可以依照本法和国家统一的会计制度制定对会计核算和会计监督有特殊要求的行业实施国家统一的会计制度的具体办法或者补充规定,报国务院财政部门审核批准。

中国人民解放军总后勤部可以依照本法和国家统一的会计制度制定军队实施国家统一的会计制度的具体办法,报国务院财政部门备案。

第二章 会计核算

第九条 各单位必须根据实际发生的经济业务事项进行会计核算,填制会计凭证,登记会计账簿,编制财务会计报告。

任何单位不得以虚假的经济业务事项或者资料进行会计核算。

第十条 下列经济业务事项,应当办理会计手续,进行会计核算:

(一)款项和有价证券的收付;

(二)财物的收发、增减和使用;

(三)债权债务的发生和结算;

(四)资本、基金的增减;

(五)收入、支出、费用、成本的计算;

（六）财务成果的计算和处理；

（七）需要办理会计手续、进行会计核算的其他事项。

第十一条 会计年度自公历1月1日起至12月31日止。

第十二条 会计核算以人民币为记账本位币。

业务收支以人民币以外的货币为主的单位，可以选定其中一种货币作为记账本位币，但是编报的财务会计报告应当折算为人民币。

第十三条 会计凭证、会计账簿、财务会计报告和其他会计资料，必须符合国家统一的会计制度的规定。

使用电子计算机进行会计核算的，其软件及其生成的会计凭证、会计账簿、财务会计报告和其他会计资料，也必须符合国家统一的会计制度的规定。

任何单位和个人不得伪造、变造会计凭证、会计账簿及其他会计资料，不得提供虚假的财务会计报告。

第十四条 会计凭证包括原始凭证和记账凭证。

办理本法第十条所列的经济业务事项，必须填制或者取得原始凭证并及时送交会计机构。

会计机构、会计人员必须按照国家统一的会计制度的规定对原始凭证进行审核，对不真实、不合法的原始凭证有权不予接受，并向单位负责人报告；对记载不准确、不完整的原始凭证予以退回，并要求按照国家统一的会计制度的规定更正、补充。

原始凭证记载的各项内容均不得涂改；原始凭证有错误的，应当由出具单位重开或者更正，更正处应当加盖出具单位印章。原始凭证金额有错误的，应当由出具单位重开，不得在原始凭证上更正。

记账凭证应当根据经过审核的原始凭证及有关资料编制。

第十五条 会计账簿登记，必须以经过审核的会计凭证为依据，并符合有关法律、行政法规和国家统一的会计制度的规定。会计账簿包括总账、明细账、日记账和其他辅助性账簿。

会计账簿应当按照连续编号的页码顺序登记。会计账簿记录发生错误或者隔页、缺号、跳行的，应当按照国家统一的会计制度规定的方法更正，并由会计人员和会计机构负责人（会计主管人员）在更正处盖章。

使用电子计算机进行会计核算的，其会计账簿的登记、更正，应当符合国家统一的会计制度的规定。

第十六条 各单位发生的各项经济业务事项应当在依法设置的会计账簿上统一登记、核算，不得违反本法和国家统一的会计制度的规定私设会计账簿登记、核算。

第十七条 各单位应当定期将会计账簿记录与实物、款项及有关资料相互核对，保证会计账簿记录与实物及款项的实有数额相符、会计账簿记录与会计凭证的有关内容相符、会计账簿之间相对应的记录相符、会计账簿记录与会计报表的有关内容相符。

第十八条 各单位采用的会计处理方法，前后各期应当一致，不得随意变更；确有必要变更的，应当按照国家统一的会计制度的规定变更，并将变更的原因、情况及影响在财务会计报告中说明。

第十九条 单位提供的担保、未决诉讼等或有事项，应当按照国家统一的会计制度的规定，在财务会计报告中予以说明。

第二十条 财务会计报告应当根据经过审核的会计账簿记录和有关资料编制，并符合本法和国家统一的会计制度关于财务会计报告的编制要求、提供对象和提供期限的规定；其他法律、行政法规另有规定的，从其规定。

财务会计报告由会计报表、会计报表附注和财务情况说明书组成。向不同的会计资料使用者提供的财务会计报告，其编制依据应当一致。有关法律、行政法规规定会计报表、会计报表附注和财务情况说明书须经注册会计师审计的，注册会计师及其所在的会计师事务所出具的审计报告应当随同财务会计报告一并提供。

第二十一条 财务会计报告应当由单位负责人和主管会计工作的负责人、会计机构负责人（会计主管人员）签名并盖章；设置总会计师的单位,还须由总会计师签名并盖章。

单位负责人应当保证财务会计报告真实、完整。

第二十二条 会计记录的文字应当使用中文。在民族自治地方,会计记录可以同时使用当地通用的一种民族文字。在中华人民共和国境内的外商投资企业、外国企业和其他外国组织的会计记录可以同时使用一种外国文字。

第二十三条 各单位对会计凭证、会计账簿、财务会计报告和其他会计资料应当建立档案,妥善保管。会计档案的保管期限和销毁办法,由国务院财政部门会同有关部门制定。

第三章 公司、企业会计核算的特别规定

第二十四条 公司、企业进行会计核算,除应当遵守本法第二章的规定外,还应当遵守本章规定。

第二十五条 公司、企业必须根据实际发生的经济业务事项,按照国家统一的会计制度的规定确认、计量和记录资产、负债、所有者权益、收入、费用、成本和利润。

第二十六条 公司、企业进行会计核算不得有下列行为:

(一)随意改变资产、负债、所有者权益的确认标准或者计量方法,虚列、多列、不列或者少列资产、负债、所有者权益;

(二)虚列或者隐瞒收入,推迟或者提前确认收入;

(三)随意改变费用、成本的确认标准或者计量方法,虚列、多列、不列或者少列费用、成本;

(四)随意调整利润的计算、分配方法,编造虚假利润或者隐瞒利润;

(五)违反国家统一的会计制度规定的其他行为。

第四章 会 计 监 督

第二十七条 各单位应当建立、健全本单位内部会计监督制度。

单位内部会计监督制度应当符合下列要求：

（一）记账人员与经济业务事项和会计事项的审批人员、经办人员、财物保管人员的职责权限应当明确，并相互分离、相互制约；

（二）重大对外投资、资产处置、资金调度和其他重要经济业务事项的决策和执行的相互监督、相互制约程序应当明确；

（三）财产清查的范围、期限和组织程序应当明确；

（四）对会计资料定期进行内部审计的办法和程序应当明确。

第二十八条 单位负责人应当保证会计机构、会计人员依法履行职责，不得授意、指使、强令会计机构、会计人员违法办理会计事项。

会计机构、会计人员对违反本法和国家统一的会计制度规定的会计事项，有权拒绝办理或者按照职权予以纠正。

第二十九条 会计机构、会计人员发现会计账簿记录与实物、款项及有关资料不相符的，按照国家统一的会计制度的规定有权自行处理的，应当及时处理；无权处理的，应当立即向单位负责人报告，请求查明原因，作出处理。

第三十条 任何单位和个人对违反本法和国家统一的会计制度规定的行为，有权检举。收到检举的部门有权处理的，应当依法按照职责分工及时处理；无权处理的，应当及时移送有权处理的部门处理。收到检举的部门、负责处理的部门应当为检举人保密，不得将检举人姓名和检举材料转给被检举单位和被检举人个人。

第三十一条 有关法律、行政法规规定，须经注册会计师进行审计的单位，应当向受委托的会计师事务所如实提供会计凭证、会计账簿、财务会计报告和其他会计资料以及有关情况。

任何单位或者个人不得以任何方式要求或者示意注册会计师及其所在的会计师事务所出具不实或者不当的审计报告。

财政部门有权对会计师事务所出具审计报告的程序和内容进行监督。

第三十二条　财政部门对各单位的下列情况实施监督：

（一）是否依法设置会计账簿；

（二）会计凭证、会计账簿、财务会计报告和其他会计资料是否真实、完整；

（三）会计核算是否符合本法和国家统一的会计制度的规定；

（四）从事会计工作的人员是否具备专业能力、遵守职业道德。

在对前款第（二）项所列事项实施监督，发现重大违法嫌疑时，国务院财政部门及其派出机构可以向与被监督单位有经济业务往来的单位和被监督单位开立账户的金融机构查询有关情况，有关单位和金融机构应当给予支持。

第三十三条　财政、审计、税务、人民银行、证券监管、保险监管等部门应当依照有关法律、行政法规规定的职责，对有关单位的会计资料实施监督检查。

前款所列监督检查部门对有关单位的会计资料依法实施监督检查后，应当出具检查结论。有关监督检查部门已经作出的检查结论能够满足其他监督检查部门履行本部门职责需要的，其他监督检查部门应当加以利用，避免重复查账。

第三十四条　依法对有关单位的会计资料实施监督检查的部门及其工作人员对在监督检查中知悉的国家秘密和商业秘密负有保密义务。

第三十五条　各单位必须依照有关法律、行政法规的规定，接受有关监督检查部门依法实施的监督检查，如实提供会计凭证、会计账簿、财务会计报告和其他会计资料以及有关情况，不得拒绝、隐匿、谎报。

第五章　会计机构和会计人员

第三十六条　各单位应当根据会计业务的需要，设置会计机构，或者在有关机构中设置会计人员并指定会计主管人员；不具备设置条件的，应当委托经批准设立从事会计代理记账业务的中介机构代理记账。

国有的和国有资产占控股地位或者主导地位的大、中型企业必须设置总会计师。总会计师的任职资格、任免程序、职责权限由国务院规定。

第三十七条　会计机构内部应当建立稽核制度。

出纳人员不得兼任稽核、会计档案保管和收入、支出、费用、债权债务账目的登记工作。

第三十八条　会计人员应当具备从事会计工作所需要的专业能力。

担任单位会计机构负责人（会计主管人员）的，应当具备会计师以上专业技术职务资格或者从事会计工作三年以上经历。

本法所称会计人员的范围由国务院财政部门规定。

第三十九条　会计人员应当遵守职业道德，提高业务素质。对会计人员的教育和培训工作应当加强。

第四十条　因有提供虚假财务会计报告，做假账，隐匿或者故意销毁会计凭证、会计账簿、财务会计报告，贪污，挪用公款，职务侵占等与会计职务有关的违法行为被依法追究刑事责任的人员，不得再从事会计工作。

第四十一条　会计人员调动工作或者离职，必须与接管人员办清交接手续。

一般会计人员办理交接手续，由会计机构负责人（会计主管人员）监交；会计机构负责人（会计主管人员）办理交接手续，由单位负责人监交，必要时主管单位可以派人会同监交。

第六章　法律责任

第四十二条　违反本法规定，有下列行为之一的，由县级以上人民政府财政部门责令限期改正，可以对单位并处三千元以上五万元以下的罚款；对其直接负责的主管人员和其他直接责任人员，可以处二千元以上二万元以下的罚款；属于国家工作人员的，还应当由其所在单位或者有关单位依法给予行政处分：

（一）不依法设置会计账簿的；

（二）私设会计账簿的；

（三）未按照规定填制、取得原始凭证或者填制、取得的原始凭证不符合规定的；

（四）以未经审核的会计凭证为依据登记会计账簿或者登记会计账簿不符合规定的；

（五）随意变更会计处理方法的；

（六）向不同的会计资料使用者提供的财务会计报告编制依据不一致的；

（七）未按照规定使用会计记录文字或者记账本位币的；

（八）未按照规定保管会计资料，致使会计资料毁损、灭失的；

（九）未按照规定建立并实施单位内部会计监督制度或者拒绝依法实施的监督或者不如实提供有关会计资料及有关情况的；

（十）任用会计人员不符合本法规定的。

有前款所列行为之一，构成犯罪的，依法追究刑事责任。

会计人员有第一款所列行为之一，情节严重的，五年内不得从事会计工作。

有关法律对第一款所列行为的处罚另有规定的，依照有关法律的规定办理。

第四十三条 伪造、变造会计凭证、会计账簿，编制虚假财务会计报告，构成犯罪的，依法追究刑事责任。

有前款行为，尚不构成犯罪的，由县级以上人民政府财政部门予以通报，可以对单位并处五千元以上十万元以下的罚款；对其直接负责的主管人员和其他直接责任人员，可以处三千元以上五万元以下的罚款；属于国家工作人员的，还应当由其所在单位或者有关单位依法给予撤职直至开除的行政处分；其中的会计人员，五年内不得从事会计工作。

第四十四条 隐匿或者故意销毁依法应当保存的会计凭证、会计账簿、财务会计报告，构成犯罪的，依法追究刑事责任。

有前款行为，尚不构成犯罪的，由县级以上人民政府财政部门予以通报，可以对单位并处五千元以上十万元以下的罚款；对其直接负责的主管人员和其他直接责任人员，可以处三千元以上五万元以下的罚款；属于国家工作人员的，还应当由其所在单位或者有关单位依法给予撤职直至开除的行政处分；其中的会计人员，五年内不得从事会计工作。

第四十五条 授意、指使、强令会计机构、会计人员及其他人员伪造、变造会计凭证、会计账簿，编制虚假财务会计报告或者隐匿、故意销毁依法应当保存的会计凭证、会计账簿、财务会计报告，构成犯罪的，依法追究刑事责任；尚不构成犯罪的，可以处五千元以上五万元以下的罚款；属于国家工作人员的，还应当由其所在单位或者有关单位依法给予降级、撤职、开除的行政处分。

第四十六条 单位负责人对依法履行职责、抵制违反本法规定行为的会计人员以降级、撤职、调离工作岗位、解聘或者开除等方式实行打击报复，构成犯罪的，依法追究刑事责任；尚不构成犯罪的，由其所在单位或者有关单位依法给予行政处分。对受打击报复的会计人员，应当恢复其名誉和原有职务、级别。

第四十七条 财政部门及有关行政部门的工作人员在实施监督管理中滥用职权、玩忽职守、徇私舞弊或者泄露国家秘密、商业秘密，构成犯罪的，依法追究刑事责任；尚不构成犯罪的，依法给予行政处分。

第四十八条 违反本法第三十条规定，将检举人姓名和检举材料转给被检举单位和被检举人个人的，由所在单位或者有关单位依法给予行政处分。

第四十九条　违反本法规定，同时违反其他法律规定的，由有关部门在各自职权范围内依法进行处罚。

第七章　附　　则

第五十条　本法下列用语的含义：

单位负责人，是指单位法定代表人或者法律、行政法规规定代表单位行使职权的主要负责人。

国家统一的会计制度，是指国务院财政部门根据本法制定的关于会计核算、会计监督、会计机构和会计人员以及会计工作管理的制度。

第五十一条　个体工商户会计管理的具体办法，由国务院财政部门根据本法的原则另行规定。

第五十二条　本法自2000年7月1日起施行。

二、中华人民共和国物权法

（2007年3月16日第十届全国人民代表大会第五次会议通过）

第一编　总　　则

第一章　基 本 原 则

第一条　为了维护国家基本经济制度，维护社会主义市场经济秩序，明确物的归属，发挥物的效用，保护权利人的物权，根据宪法，制定本法。

第二条　因物的归属和利用而产生的民事关系，适用本法。

本法所称物，包括不动产和动产。法律规定权利作为物权客体的，依照其规定。

本法所称物权，是指权利人依法对特定的物享有直接支配和排他的权利，包括所有权、用益物权和担保物权。

第三条　国家在社会主义初级阶段，坚持公有制为主体、多种所有制经济共同发展的基本经济制度。

国家巩固和发展公有制经济，鼓励、支持和引导非公有制经济的发展。

国家实行社会主义市场经济，保障一切市场主体的平等法律地位和发展权利。

第四条　国家、集体、私人的物权和其他权利人的物权受法律保护，任何单位和个人不得侵犯。

第五条　物权的种类和内容，由法律规定。

第六条　不动产物权的设立、变更、转让和消灭，应当依照法律规定登记。动产物权的设立和转让，应当依照法律规定交付。

第七条　物权的取得和行使，应当遵守法律，尊重社会公德，不得损害公共利益和他人合法权益。

第八条　其他相关法律对物权另有特别规定的，依照其规定。

第二章　物权的设立、变更、转让和消灭

第一节　不动产登记

第九条　不动产物权的设立、变更、转让和消灭，经依法登记，发生效力；未经登记，不发生效力，但法律另有规定的除外。

依法属于国家所有的自然资源，所有权可以不登记。

第十条　不动产登记，由不动产所在地的登记机构办理。

国家对不动产实行统一登记制度。统一登记的范围、登记机构和登记办法，由法律、行政法规规定。

第十一条　当事人申请登记，应当根据不同登记事项提供权属证明和不动产界址、面积等必要材料。

第十二条　登记机构应当履行下列职责：

（一）查验申请人提供的权属证明和其他必要材料；

（二）就有关登记事项询问申请人；

（三）如实、及时登记有关事项；

(四)法律、行政法规规定的其他职责。

申请登记的不动产的有关情况需要进一步证明的,登记机构可以要求申请人补充材料,必要时可以实地查看。

第十三条　登记机构不得有下列行为:

(一)要求对不动产进行评估;

(二)以年检等名义进行重复登记;

(三)超出登记职责范围的其他行为。

第十四条　不动产物权的设立、变更、转让和消灭,依照法律规定应当登记的,自记载于不动产登记簿时发生效力。

第十五条　当事人之间订立有关设立、变更、转让和消灭不动产物权的合同,除法律另有规定或者合同另有约定外,自合同成立时生效;未办理物权登记的,不影响合同效力。

第十六条　不动产登记簿是物权归属和内容的根据。

不动产登记簿由登记机构管理。

第十七条　不动产权属证书是权利人享有该不动产物权的证明。不动产权属证书记载的事项,应当与不动产登记簿一致;记载不一致的,除有证据证明不动产登记簿确有错误外,以不动产登记簿为准。

第十八条　权利人、利害关系人可以申请查询、复制登记资料,登记机构应当提供。

第十九条　权利人、利害关系人认为不动产登记簿记载的事项错误的,可以申请更正登记。不动产登记簿记载的权利人书面同意更正或者有证据证明登记确有错误的,登记机构应当予以更正。

不动产登记簿记载的权利人不同意更正的,利害关系人可以申请异议登记。登记机构予以异议登记的,申请人在异议登记之日起十五日内不起诉,异议登记失效。异议登记不当,造成权利人损害的,权利人可以向申请人请求损害赔偿。

第二十条　当事人签订买卖房屋或者其他不动产物权的协议,

为保障将来实现物权,按照约定可以向登记机构申请预告登记。预告登记后,未经预告登记的权利人同意,处分该不动产的,不发生物权效力。

预告登记后,债权消灭或者自能够进行不动产登记之日起三个月内未申请登记的,预告登记失效。

第二十一条 当事人提供虚假材料申请登记,给他人造成损害的,应当承担赔偿责任。

因登记错误,给他人造成损害的,登记机构应当承担赔偿责任。登记机构赔偿后,可以向造成登记错误的人追偿。

第二十二条 不动产登记费按件收取,不得按照不动产的面积、体积或者价款的比例收取。具体收费标准由国务院有关部门会同价格主管部门规定。

第二节 动产交付

第二十三条 动产物权的设立和转让,自交付时发生效力,但法律另有规定的除外。

第二十四条 船舶、航空器和机动车等物权的设立、变更、转让和消灭,未经登记,不得对抗善意第三人。

第二十五条 动产物权设立和转让前,权利人已经依法占有该动产的,物权自法律行为生效时发生效力。

第二十六条 动产物权设立和转让前,第三人依法占有该动产的,负有交付义务的人可以通过转让请求第三人返还原物的权利代替交付。

第二十七条 动产物权转让时,双方又约定由出让人继续占有该动产的,物权自该约定生效时发生效力。

第三节 其他规定

第二十八条 因人民法院、仲裁委员会的法律文书或者人民政府的征收决定等,导致物权设立、变更、转让或者消灭的,自法律文书或者人民政府的征收决定等生效时发生效力。

第二十九条 因继承或者受遗赠取得物权的,自继承或者受遗赠开始时发生效力。

第三十条 因合法建造、拆除房屋等事实行为设立或者消灭物权的,自事实行为成就时发生效力。

第三十一条 依照本法第二十八条至第三十条规定享有不动产物权的,处分该物权时,依照法律规定需要办理登记的,未经登记,不发生物权效力。

第三章 物权的保护

第三十二条 物权受到侵害的,权利人可以通过和解、调解、仲裁、诉讼等途径解决。

第三十三条 因物权的归属、内容发生争议的,利害关系人可以请求确认权利。

第三十四条 无权占有不动产或者动产的,权利人可以请求返还原物。

第三十五条 妨害物权或者可能妨害物权的,权利人可以请求排除妨害或者消除危险。

第三十六条 造成不动产或者动产毁损的,权利人可以请求修理、重作、更换或者恢复原状。

第三十七条 侵害物权,造成权利人损害的,权利人可以请求损害赔偿,也可以请求承担其他民事责任。

第三十八条 本章规定的物权保护方式,可以单独适用,也可以根据权利被侵害的情形合并适用。

侵害物权,除承担民事责任外,违反行政管理规定的,依法承担行政责任;构成犯罪的,依法追究刑事责任。

第二编　所　有　权

第四章　一 般 规 定

第三十九条　所有权人对自己的不动产或者动产,依法享有占有、使用、收益和处分的权利。

第四十条　所有权人有权在自己的不动产或者动产上设立用益物权和担保物权。用益物权人、担保物权人行使权利,不得损害所有权人的权益。

第四十一条　法律规定专属于国家所有的不动产和动产,任何单位和个人不能取得所有权。

第四十二条　为了公共利益的需要,依照法律规定的权限和程序可以征收集体所有的土地和单位、个人的房屋及其他不动产。

征收集体所有的土地,应当依法足额支付土地补偿费、安置补助费、地上附着物和青苗的补偿费等费用,安排被征地农民的社会保障费用,保障被征地农民的生活,维护被征地农民的合法权益。

征收单位、个人的房屋及其他不动产,应当依法给予拆迁补偿,维护被征收人的合法权益;征收个人住宅的,还应当保障被征收人的居住条件。

任何单位和个人不得贪污、挪用、私分、截留、拖欠征收补偿费等费用。

第四十三条　国家对耕地实行特殊保护,严格限制农用地转为建设用地,控制建设用地总量。不得违反法律规定的权限和程序征收集体所有的土地。

第四十四条　因抢险、救灾等紧急需要,依照法律规定的权限和程序可以征用单位、个人的不动产或者动产。被征用的不动产或者动产使用后,应当返还被征用人。单位、个人的不动产或者动产被征用或者征用后毁损、灭失的,应当给予补偿。

第五章 国家所有权和集体所有权、私人所有权

第四十五条 法律规定属于国家所有的财产，属于国家所有即全民所有。

国有财产由国务院代表国家行使所有权；法律另有规定的，依照其规定。

第四十六条 矿藏、水流、海域属于国家所有。

第四十七条 城市的土地，属于国家所有。法律规定属于国家所有的农村和城市郊区的土地，属于国家所有。

第四十八条 森林、山岭、草原、荒地、滩涂等自然资源，属于国家所有，但法律规定属于集体所有的除外。

第四十九条 法律规定属于国家所有的野生动植物资源，属于国家所有。

第五十条 无线电频谱资源属于国家所有。

第五十一条 法律规定属于国家所有的文物，属于国家所有。

第五十二条 国防资产属于国家所有。

铁路、公路、电力设施、电信设施和油气管道等基础设施，依照法律规定为国家所有的，属于国家所有。

第五十三条 国家机关对其直接支配的不动产和动产，享有占有、使用以及依照法律和国务院的有关规定处分的权利。

第五十四条 国家举办的事业单位对其直接支配的不动产和动产，享有占有、使用以及依照法律和国务院的有关规定收益、处分的权利。

第五十五条 国家出资的企业，由国务院、地方人民政府依照法律、行政法规规定分别代表国家履行出资人职责，享有出资人权益。

第五十六条 国家所有的财产受法律保护，禁止任何单位和个人侵占、哄抢、私分、截留、破坏。

第五十七条 履行国有财产管理、监督职责的机构及其工作人

员，应当依法加强对国有财产的管理、监督，促进国有财产保值增值，防止国有财产损失；滥用职权，玩忽职守，造成国有财产损失的，应当依法承担法律责任。

违反国有财产管理规定，在企业改制、合并分立、关联交易等过程中，低价转让、合谋私分、擅自担保或者以其他方式造成国有财产损失的，应当依法承担法律责任。

第五十八条 集体所有的不动产和动产包括：

（一）法律规定属于集体所有的土地和森林、山岭、草原、荒地、滩涂；

（二）集体所有的建筑物、生产设施、农田水利设施；

（三）集体所有的教育、科学、文化、卫生、体育等设施；

（四）集体所有的其他不动产和动产。

第五十九条 农民集体所有的不动产和动产，属于本集体成员集体所有。

下列事项应当依照法定程序经本集体成员决定：

（一）土地承包方案以及将土地发包给本集体以外的单位或者个人承包；

（二）个别土地承包经营权人之间承包地的调整；

（三）土地补偿费等费用的使用、分配办法；

（四）集体出资的企业的所有权变动等事项；

（五）法律规定的其他事项。

第六十条 对于集体所有的土地和森林、山岭、草原、荒地、滩涂等，依照下列规定行使所有权：

（一）属于村农民集体所有的，由村集体经济组织或者村民委员会代表集体行使所有权；

（二）分别属于村内两个以上农民集体所有的，由村内各该集体经济组织或者村民小组代表集体行使所有权；

（三）属于乡镇农民集体所有的，由乡镇集体经济组织代表集体行使所有权。

第六十一条　城镇集体所有的不动产和动产，依照法律、行政法规的规定由本集体享有占有、使用、收益和处分的权利。

第六十二条　集体经济组织或者村民委员会、村民小组应当依照法律、行政法规以及章程、村规民约向本集体成员公布集体财产的状况。

第六十三条　集体所有的财产受法律保护，禁止任何单位和个人侵占、哄抢、私分、破坏。

集体经济组织、村民委员会或者其负责人作出的决定侵害集体成员合法权益的，受侵害的集体成员可以请求人民法院予以撤销。

第六十四条　私人对其合法的收入、房屋、生活用品、生产工具、原材料等不动产和动产享有所有权。

第六十五条　私人合法的储蓄、投资及其收益受法律保护。

国家依照法律规定保护私人的继承权及其他合法权益。

第六十六条　私人的合法财产受法律保护，禁止任何单位和个人侵占、哄抢、破坏。

第六十七条　国家、集体和私人依法可以出资设立有限责任公司、股份有限公司或者其他企业。国家、集体和私人所有的不动产或者动产，投到企业的，由出资人按照约定或者出资比例享有资产收益、重大决策以及选择经营管理者等权利并履行义务。

第六十八条　企业法人对其不动产和动产依照法律、行政法规以及章程享有占有、使用、收益和处分的权利。

企业法人以外的法人，对其不动产和动产的权利，适用有关法律、行政法规以及章程的规定。

第六十九条　社会团体依法所有的不动产和动产，受法律保护。

第六章　业主的建筑物区分所有权

第七十条　业主对建筑物内的住宅、经营性用房等专有部分享有所有权,对专有部分以外的共有部分享有共有和共同管理的权利。

第七十一条 业主对其建筑物专有部分享有占有、使用、收益和处分的权利。业主行使权利不得危及建筑物的安全,不得损害其他业主的合法权益。

第七十二条 业主对建筑物专有部分以外的共有部分,享有权利,承担义务;不得以放弃权利不履行义务。

业主转让建筑物内的住宅、经营性用房,其对共有部分享有的共有和共同管理的权利一并转让。

第七十三条 建筑区划内的道路,属于业主共有,但属于城镇公共道路的除外。建筑区划内的绿地,属于业主共有,但属于城镇公共绿地或者明示属于个人的除外。建筑区划内的其他公共场所、公用设施和物业服务用房,属于业主共有。

第七十四条 建筑区划内,规划用于停放汽车的车位、车库应当首先满足业主的需要。

建筑区划内,规划用于停放汽车的车位、车库的归属,由当事人通过出售、附赠或者出租等方式约定。

占用业主共有的道路或者其他场地用于停放汽车的车位,属于业主共有。

第七十五条 业主可以设立业主大会,选举业主委员会。

地方人民政府有关部门应当对设立业主大会和选举业主委员会给予指导和协助。

第七十六条 下列事项由业主共同决定:

(一)制定和修改业主大会议事规则;

(二)制定和修改建筑物及其附属设施的管理规约;

(三)选举业主委员会或者更换业主委员会成员;

(四)选聘和解聘物业服务企业或者其他管理人;

(五)筹集和使用建筑物及其附属设施的维修资金;

(六)改建、重建建筑物及其附属设施;

（七）有关共有和共同管理权利的其他重大事项。

决定前款第五项和第六项规定的事项，应当经专有部分占建筑物总面积三分之二以上的业主且占总人数三分之二以上的业主同意。决定前款其他事项，应当经专有部分占建筑物总面积过半数的业主且占总人数过半数的业主同意。

第七十七条　业主不得违反法律、法规以及管理规约，将住宅改变为经营性用房。业主将住宅改变为经营性用房的，除遵守法律、法规以及管理规约外，应当经有利害关系的业主同意。

第七十八条　业主大会或者业主委员会的决定，对业主具有约束力。

业主大会或者业主委员会作出的决定侵害业主合法权益的，受侵害的业主可以请求人民法院予以撤销。

第七十九条　建筑物及其附属设施的维修资金，属于业主共有。经业主共同决定，可以用于电梯、水箱等共有部分的维修。维修资金的筹集、使用情况应当公布。

第八十条　建筑物及其附属设施的费用分摊、收益分配等事项，有约定的，按照约定；没有约定或者约定不明确的，按照业主专有部分占建筑物总面积的比例确定。

第八十一条　业主可以自行管理建筑物及其附属设施，也可以委托物业服务企业或者其他管理人管理。

对建设单位聘请的物业服务企业或者其他管理人，业主有权依法更换。

第八十二条　物业服务企业或者其他管理人根据业主的委托管理建筑区划内的建筑物及其附属设施，并接受业主的监督。

第八十三条　业主应当遵守法律、法规以及管理规约。

业主大会和业主委员会，对任意弃置垃圾、排放污染物或者噪声、违反规定饲养动物、违章搭建、侵占通道、拒付物业费等损害他人合法权益的行为，有权依照法律、法规以及管理规约，要求行为人停止侵害、消除危险、排除妨害、赔偿损失。业主对侵害自己合法权益的行为,可以依法向人民法院提起诉讼。

第七章 相邻关系

第八十四条 不动产的相邻权利人应当按照有利生产、方便生活、团结互助、公平合理的原则,正确处理相邻关系。

第八十五条 法律、法规对处理相邻关系有规定的,依照其规定;法律、法规没有规定的,可以按照当地习惯。

第八十六条 不动产权利人应当为相邻权利人用水、排水提供必要的便利。

对自然流水的利用,应当在不动产的相邻权利人之间合理分配。对自然流水的排放,应当尊重自然流向。

第八十七条 不动产权利人对相邻权利人因通行等必须利用其土地的,应当提供必要的便利。

第八十八条 不动产权利人因建造、修缮建筑物以及铺设电线、电缆、水管、暖气和燃气管线等必须利用相邻土地、建筑物的,该土地、建筑物的权利人应当提供必要的便利。

第八十九条 建造建筑物,不得违反国家有关工程建设标准,妨碍相邻建筑物的通风、采光和日照。

第九十条 不动产权利人不得违反国家规定弃置固体废物,排放大气污染物、水污染物、噪声、光、电磁波辐射等有害物质。

第九十一条 不动产权利人挖掘土地、建造建筑物、铺设管线以及安装设备等,不得危及相邻不动产的安全。

第九十二条 不动产权利人因用水、排水、通行、铺设管线等利用相邻不动产的,应当尽量避免对相邻的不动产权利人造成损害;造成损害的,应当给予赔偿。

第八章 共 有

第九十三条 不动产或者动产可以由两个以上单位、个人共有。共有包括按份共有和共同共有。

第九十四条 按份共有人对共有的不动产或者动产按照其份额享有所有权。

第九十五条 共同共有人对共有的不动产或者动产共同享有所有权。

第九十六条 共有人按照约定管理共有的不动产或者动产;没有约定或者约定不明确的,各共有人都有管理的权利和义务。

第九十七条 处分共有的不动产或者动产以及对共有的不动产或者动产作重大修缮的,应当经占份额三分之二以上的按份共有人或者全体共同共有人同意,但共有人之间另有约定的除外。

第九十八条 对共有物的管理费用以及其他负担,有约定的,按照约定;没有约定或者约定不明确的,按份共有人按照其份额负担,共同共有人共同负担。

第九十九条 共有人约定不得分割共有的不动产或者动产,以维持共有关系的,应当按照约定,但共有人有重大理由需要分割的,可以请求分割;没有约定或者约定不明确的,按份共有人可以随时请求分割,共同共有人在共有的基础丧失或者有重大理由需要分割时可以请求分割。因分割对其他共有人造成损害的,应当给予赔偿。

第一百条 共有人可以协商确定分割方式。达不成协议,共有的不动产或者动产可以分割并且不会因分割减损价值的,应当对实物予以分割;难以分割或者因分割会减损价值的,应当对折价或者拍卖、变卖取得的价款予以分割。

共有人分割所得的不动产或者动产有瑕疵的,其他共有人应当分担损失。

第一百零一条 按份共有人可以转让其享有的共有的不动产或

者动产份额。其他共有人在同等条件下享有优先购买的权利。

第一百零二条 因共有的不动产或者动产产生的债权债务，在对外关系上，共有人享有连带债权、承担连带债务，但法律另有规定或者第三人知道共有人不具有连带债权债务关系的除外；在共有人内部关系上，除共有人另有约定外，按份共有人按照份额享有债权、承担债务，共同共有人共同享有债权、承担债务。偿还债务超过自己应当承担份额的按份共有人，有权向其他共有人追偿。

第一百零三条 共有人对共有的不动产或者动产没有约定为按份共有或者共同共有，或者约定不明确的，除共有人具有家庭关系等外，视为按份共有。

第一百零四条 按份共有人对共有的不动产或者动产享有的份额，没有约定或者约定不明确的，按照出资额确定；不能确定出资额的，视为等额享有。

第一百零五条 两个以上单位、个人共同享有用益物权、担保物权的，参照本章规定。

第九章 所有权取得的特别规定

第一百零六条 无处分权人将不动产或者动产转让给受让人的，所有权人有权追回；除法律另有规定外，符合下列情形的，受让人取得该不动产或者动产的所有权：

（一）受让人受让该不动产或者动产时是善意的；

（二）以合理的价格转让；

（三）转让的不动产或者动产依照法律规定应当登记的已经登记，不需要登记的已经交付给受让人。

受让人依照前款规定取得不动产或者动产的所有权的，原所有权人有权向无处分权人请求赔偿损失。

当事人善意取得其他物权的，参照前两款规定。

第一百零七条 所有权人或者其他权利人有权追回遗失物。该遗失物通过转让被他人占有的，权利人有权向无处分权人请求损害赔偿，或者自知道或者应当知道受让人之日起二年内向受让人请求返还原物，但受让人通过拍卖或者向具有经营资格的经营者购得该遗失物的，权利人请求返还原物时应当支付受让人所付的费用。权利人向受让人支付所付费用后，有权向无处分权人追偿。

第一百零八条　善意受让人取得动产后，该动产上的原有权利消灭，但善意受让人在受让时知道或者应当知道该权利的除外。

第一百零九条　拾得遗失物，应当返还权利人。拾得人应当及时通知权利人领取，或者送交公安等有关部门。

第一百一十条　有关部门收到遗失物，知道权利人的，应当及时通知其领取；不知道的，应当及时发布招领公告。

第一百一十一条　拾得人在遗失物送交有关部门前，有关部门在遗失物被领取前，应当妥善保管遗失物。因故意或者重大过失致使遗失物毁损、灭失的，应当承担民事责任。

第一百一十二条　权利人领取遗失物时，应当向拾得人或者有关部门支付保管遗失物等支出的必要费用。

权利人悬赏寻找遗失物的，领取遗失物时应当按照承诺履行义务。

拾得人侵占遗失物的，无权请求保管遗失物等支出的费用，也无权请求权利人按照承诺履行义务。

第一百一十三条　遗失物自发布招领公告之日起六个月内无人认领的，归国家所有。

第一百一十四条　拾得漂流物、发现埋藏物或者隐藏物的，参照拾得遗失物的有关规定。文物保护法等法律另有规定的，依照其规定。

第一百一十五条　主物转让的，从物随主物转让，但当事人另有约定的除外。

第一百一十六条　天然孳息，由所有权人取得；既有所有权人又有用益物权人的，由用益物权人取得。当事人另有约定的，按照约定。

法定孳息，当事人有约定的，按照约定取得；没有约定或者约定不明确的，按照交易习惯取得。

第三编　用益物权

第十章　一般规定

第一百一十七条　用益物权人对他人所有的不动产或者动产，依法享有占有、使用和收益的权利。

第一百一十八条　国家所有或者国家所有由集体使用以及法律规定属于集体所有的自然资源，单位、个人依法可以占有、使用和收益。

第一百一十九条　国家实行自然资源有偿使用制度，但法律另有规定的除外。

第一百二十条　用益物权人行使权利，应当遵守法律有关保护和合理开发利用资源的规定。所有权人不得干涉用益物权人行使权利。

第一百二十一条　因不动产或者动产被征收、征用致使用益物权消灭或者影响用益物权行使的，用益物权人有权依照本法第四十二条、第四十四条的规定获得相应补偿。

第一百二十二条　依法取得的海域使用权受法律保护。

第一百二十三条　依法取得的探矿权、采矿权、取水权和使用水域、滩涂从事养殖、捕捞的权利受法律保护。

第十一章　土地承包经营权

第一百二十四条　农村集体经济组织实行家庭承包经营为基础、统分结合的双层经营体制。

农民集体所有和国家所有由农民集体使用的耕地、林地、草地以及其他用于农业的土地,依法实行土地承包经营制度。

第一百二十五条 土地承包经营权人依法对其承包经营的耕地、林地、草地等享有占有、使用和收益的权利,有权从事种植业、林业、畜牧业等农业生产。

第一百二十六条 耕地的承包期为三十年。草地的承包期为三十年至五十年。林地的承包期为三十年至七十年;特殊林木的林地承包期,经国务院林业行政主管部门批准可以延长。

前款规定的承包期届满,由土地承包经营权人按照国家有关规定继续承包。

第一百二十七条 土地承包经营权自土地承包经营权合同生效时设立。

县级以上地方人民政府应当向土地承包经营权人发放土地承包经营权证、林权证、草原使用权证,并登记造册,确认土地承包经营权。

第一百二十八条 土地承包经营权人依照农村土地承包法的规定,有权将土地承包经营权采取转包、互换、转让等方式流转。流转的期限不得超过承包期的剩余期限。未经依法批准,不得将承包地用于非农建设。

第一百二十九条 土地承包经营权人将土地承包经营权互换、转让,当事人要求登记的,应当向县级以上地方人民政府申请土地承包经营权变更登记;未经登记,不得对抗善意第三人。

第一百三十条 承包期内发包人不得调整承包地。

因自然灾害严重毁损承包地等特殊情形,需要适当调整承包的耕地和草地的,应当依照农村土地承包法等法律规定办理。

第一百三十一条 承包期内发包人不得收回承包地。农村土地承包法等法律另有规定的,依照其规定。

第一百三十二条 承包地被征收的,土地承包经营权人有权依照本法第四十二条第二款的规定获得相应补偿。

第一百三十三条　通过招标、拍卖、公开协商等方式承包荒地等农村土地，依照农村土地承包法等法律和国务院的有关规定，其土地承包经营权可以转让、入股、抵押或者以其他方式流转。

第一百三十四条　国家所有的农用地实行承包经营的，参照本法的有关规定。

第十二章　建设用地使用权

第一百三十五条　建设用地使用权人依法对国家所有的土地享有占有、使用和收益的权利，有权利用该土地建造建筑物、构筑物及其附属设施。

第一百三十六条　建设用地使用权可以在土地的地表、地上或者地下分别设立。新设立的建设用地使用权，不得损害已设立的用益物权。

第一百三十七条　设立建设用地使用权，可以采取出让或者划拨等方式。

工业、商业、旅游、娱乐和商品住宅等经营性用地以及同一土地有两个以上意向用地者的，应当采取招标、拍卖等公开竞价的方式出让。

严格限制以划拨方式设立建设用地使用权。采取划拨方式的，应当遵守法律、行政法规关于土地用途的规定。

第一百三十八条　采取招标、拍卖、协议等出让方式设立建设用地使用权的，当事人应当采取书面形式订立建设用地使用权出让合同。

建设用地使用权出让合同一般包括下列条款：

（一）当事人的名称和住所；

（二）土地界址、面积等；

（三）建筑物、构筑物及其附属设施占用的空间；

（四）土地用途；

(五)使用期限;

(六)出让金等费用及其支付方式;

(七)解决争议的方法。

第一百三十九条　设立建设用地使用权的,应当向登记机构申请建设用地使用权登记。建设用地使用权自登记时设立。登记机构应当向建设用地使用权人发放建设用地使用权证书。

第一百四十条　建设用地使用权人应当合理利用土地,不得改变土地用途;需要改变土地用途的,应当依法经有关行政主管部门批准。

第一百四十一条　建设用地使用权人应当依照法律规定以及合同约定支付出让金等费用。

第一百四十二条　建设用地使用权人建造的建筑物、构筑物及其附属设施的所有权属于建设用地使用权人,但有相反证据证明的除外。

第一百四十三条　建设用地使用权人有权将建设用地使用权转让、互换、出资、赠与或者抵押,但法律另有规定的除外。

第一百四十四条　建设用地使用权转让、互换、出资、赠与或者抵押的,当事人应当采取书面形式订立相应的合同。使用期限由当事人约定,但不得超过建设用地使用权的剩余期限。

第一百四十五条　建设用地使用权转让、互换、出资或者赠与的,应当向登记机构申请变更登记。

第一百四十六条　建设用地使用权转让、互换、出资或者赠与的,附着于该土地上的建筑物、构筑物及其附属设施一并处分。

第一百四十七条　建筑物、构筑物及其附属设施转让、互换、出资或者赠与的,该建筑物、构筑物及其附属设施占用范围内的建设用地使用权一并处分。

第一百四十八条　建设用地使用权期间届满前,因公共利益需要提前收回该土地的,应当依照本法第四十二条的规定对该土地上的房屋及其他不动产给予补偿，并退还相应的出让金。

第一百四十九条 住宅建设用地使用权期间届满的，自动续期。

非住宅建设用地使用权期间届满后的续期，依照法律规定办理。该土地上的房屋及其他不动产的归属，有约定的，按照约定；没有约定或者约定不明确的，依照法律、行政法规的规定办理。

第一百五十条 建设用地使用权消灭的，出让人应当及时办理注销登记。登记机构应当收回建设用地使用权证书。

第一百五十一条 集体所有的土地作为建设用地的，应当依照土地管理法等法律规定办理。

第十三章 宅基地使用权

第一百五十二条 宅基地使用权人依法对集体所有的土地享有占有和使用的权利，有权依法利用该土地建造住宅及其附属设施。

第一百五十三条 宅基地使用权的取得、行使和转让，适用土地管理法等法律和国家有关规定。

第一百五十四条 宅基地因自然灾害等原因灭失的，宅基地使用权消灭。对失去宅基地的村民，应当重新分配宅基地。

第一百五十五条 已经登记的宅基地使用权转让或者消灭的，应当及时办理变更登记或者注销登记。

第十四章 地 役 权

第一百五十六条 地役权人有权按照合同约定，利用他人的不动产，以提高自己的不动产的效益。

前款所称他人的不动产为供役地，自己的不动产为需役地。

第一百五十七条 设立地役权，当事人应当采取书面形式订立地役权合同。

地役权合同一般包括下列条款：

（一）当事人的姓名或者名称和住所；

（二）供役地和需役地的位置；

（三）利用目的和方法；

（四）利用期限；

（五）费用及其支付方式；

（六）解决争议的方法。

第一百五十八条　地役权自地役权合同生效时设立。当事人要求登记的，可以向登记机构申请地役权登记；未经登记，不得对抗善意第三人。

第一百五十九条　供役地权利人应当按照合同约定，允许地役权人利用其土地，不得妨害地役权人行使权利。

第一百六十条　地役权人应当按照合同约定的利用目的和方法利用供役地，尽量减少对供役地权利人物权的限制。

第一百六十一条　地役权的期限由当事人约定，但不得超过土地承包经营权、建设用地使用权等用益物权的剩余期限。

第一百六十二条　土地所有权人享有地役权或者负担地役权的，设立土地承包经营权、宅基地使用权时，该土地承包经营权人、宅基地使用权人继续享有或者负担已设立的地役权。

第一百六十三条　土地上已设立土地承包经营权、建设用地使用权、宅基地使用权等权利的，未经用益物权人同意，土地所有权人不得设立地役权。

第一百六十四条　地役权不得单独转让。土地承包经营权、建设用地使用权等转让的，地役权一并转让，但合同另有约定的除外。

第一百六十五条　地役权不得单独抵押。土地承包经营权、建设用地使用权等抵押的，在实现抵押权时，地役权一并转让。

第一百六十六条　需役地以及需役地上的土地承包经营权、建设用地使用权部分转让时，转让部分涉及地役权的，受让人同时享有地役权。

第一百六十七条　供役地以及供役地上的土地承包经营权、建设用地使用权部分转让时，转让部分涉及地役权的，地役权对受让人具有约束力。

第一百六十八条 地役权人有下列情形之一的，供役地权利人有权解除地役权合同，地役权消灭：

（一）违反法律规定或者合同约定，滥用地役权；

（二）有偿利用供役地，约定的付款期间届满后在合理期限内经两次催告未支付费用。

第一百六十九条 已经登记的地役权变更、转让或者消灭的，应当及时办理变更登记或者注销登记。

第四编 担保物权

第十五章 一般规定

第一百七十条 担保物权人在债务人不履行到期债务或者发生当事人约定的实现担保物权的情形，依法享有就担保财产优先受偿的权利，但法律另有规定的除外。

第一百七十一条 债权人在借贷、买卖等民事活动中，为保障实现其债权，需要担保的，可以依照本法和其他法律的规定设立担保物权。

第三人为债务人向债权人提供担保的，可以要求债务人提供反担保。反担保适用本法和其他法律的规定。

第一百七十二条 设立担保物权，应当依照本法和其他法律的规定订立担保合同。担保合同是主债权债务合同的从合同。主债权债务合同无效，担保合同无效，但法律另有规定的除外。

担保合同被确认无效后，债务人、担保人、债权人有过错的，应当根据其过错各自承担相应的民事责任。

第一百七十三条 担保物权的担保范围包括主债权及其利息、违约金、损害赔偿金、保管担保财产和实现担保物权的费用。当事人另有约定的，按照约定。

第一百七十四条 担保期间，担保财产毁损、灭失或者被征收等，担保物权人可以就获得的保险金、赔偿金或者补偿金等优先受偿。被担保债权的履行期未届满的，也可以提存该保险金、赔偿金或者补偿金等。

第一百七十五条 第三人提供担保，未经其书面同意，债权人允许债务人转移全部或者部分债务的，担保人不再承担相应的担保责任。

第一百七十六条 被担保的债权既有物的担保又有人的担保的，债务人不履行到期债务或者发生当事人约定的实现担保物权的情形，债权人应当按照约定实现债权；没有约定或者约定不明确，债务人自己提供物的担保的，债权人应当先就该物的担保实现债权；第三人提供物的担保的，债权人可以就物的担保实现债权，也可以要求保证人承担保证责任。提供担保的第三人承担担保责任后，有权向债务人追偿。

第一百七十七条 有下列情形之一的，担保物权消灭：

（一）主债权消灭；

（二）担保物权实现；

（三）债权人放弃担保物权；

（四）法律规定担保物权消灭的其他情形。

第一百七十八条 担保法与本法的规定不一致的，适用本法。

第十六章 抵 押 权

第一节 一般抵押权

第一百七十九条 为担保债务的履行，债务人或者第三人不转移财产的占有，将该财产抵押给债权人的，债务人不履行到期债务或者发生当事人约定的实现抵押权的情形，债权人有权就该财产优先受偿。

前款规定的债务人或者第三人为抵押人，债权人为抵押权人，提供担保的财产为抵押财产。

第一百八十条　债务人或者第三人有权处分的下列财产可以抵押：

（一）建筑物和其他土地附着物；

（二）建设用地使用权；

（三）以招标、拍卖、公开协商等方式取得的荒地等土地承包经营权；

（四）生产设备、原材料、半成品、产品；

（五）正在建造的建筑物、船舶、航空器；

（六）交通运输工具；

（七）法律、行政法规未禁止抵押的其他财产。

抵押人可以将前款所列财产一并抵押。

第一百八十一条　经当事人书面协议，企业、个体工商户、农业生产经营者可以将现有的以及将有的生产设备、原材料、半成品、产品抵押，债务人不履行到期债务或者发生当事人约定的实现抵押权的情形，债权人有权就实现抵押权时的动产优先受偿。

第一百八十二条　以建筑物抵押的，该建筑物占用范围内的建设用地使用权一并抵押。以建设用地使用权抵押的，该土地上的建筑物一并抵押。

抵押人未依照前款规定一并抵押的，未抵押的财产视为一并抵押。

第一百八十三条　乡镇、村企业的建设用地使用权不得单独抵押。以乡镇、村企业的厂房等建筑物抵押的，其占用范围内的建设用地使用权一并抵押。

第一百八十四条　下列财产不得抵押：

（一）土地所有权；

（二）耕地、宅基地、自留地、自留山等集体所有的土地使用权，但法律规定可以抵押的除外；

（三）学校、幼儿园、医院等以公益为目的的事业单位、社会团体的教育设施、医疗卫生设施和其他社会公益设施；

（四）所有权、使用权不明或者有争议的财产；

（五）依法被查封、扣押、监管的财产；

（六）法律、行政法规规定不得抵押的其他财产。

第一百八十五条　设立抵押权，当事人应当采取书面形式订立抵押合同。

抵押合同一般包括下列条款：

（一）被担保债权的种类和数额；

（二）债务人履行债务的期限；

（三）抵押财产的名称、数量、质量、状况、所在地、所有权归属或者使用权归属；

（四）担保的范围。

第一百八十六条　抵押权人在债务履行期届满前，不得与抵押人约定债务人不履行到期债务时抵押财产归债权人所有。

第一百八十七条　以本法第一百八十条第一款第一项至第三项规定的财产或者第五项规定的正在建造的建筑物抵押的，应当办理抵押登记。抵押权自登记时设立。

第一百八十八条　以本法第一百八十条第一款第四项、第六项规定的财产或者第五项规定的正在建造的船舶、航空器抵押的，抵押权自抵押合同生效时设立；未经登记，不得对抗善意第三人。

第一百八十九条　企业、个体工商户、农业生产经营者以本法第一百八十一条规定的动产抵押的，应当向抵押人住所地的工商行政管理部门办理登记。抵押权自抵押合同生效时设立；未经登记，不得对抗善意第三人。

依照本法第一百八十一条规定抵押的，不得对抗正常经营活动中已支付合理价款并取得抵押财产的买受人。

第一百九十条　订立抵押合同前抵押财产已出租的，原租赁关系不受该抵押权的影响。抵押权设立后抵押财产出租的，该租赁关系不得对抗已登记的抵押权。

第一百九十一条 抵押期间，抵押人经抵押权人同意转让抵押财产的，应当将转让所得的价款向抵押权人提前清偿债务或者提存。转让的价款超过债权数额的部分归抵押人所有，不足部分由债务人清偿。

抵押期间，抵押人未经抵押权人同意，不得转让抵押财产，但受让人代为清偿债务消灭抵押权的除外。

第一百九十二条 抵押权不得与债权分离而单独转让或者作为其他债权的担保。债权转让的，担保该债权的抵押权一并转让，但法律另有规定或者当事人另有约定的除外。

第一百九十三条 抵押人的行为足以使抵押财产价值减少的，抵押权人有权要求抵押人停止其行为。抵押财产价值减少的，抵押权人有权要求恢复抵押财产的价值，或者提供与减少的价值相应的担保。抵押人不恢复抵押财产的价值也不提供担保的，抵押权人有权要求债务人提前清偿债务。

第一百九十四条 抵押权人可以放弃抵押权或者抵押权的顺位。抵押权人与抵押人可以协议变更抵押权顺位以及被担保的债权数额等内容，但抵押权的变更，未经其他抵押权人书面同意，不得对其他抵押权人产生不利影响。

债务人以自己的财产设定抵押，抵押权人放弃该抵押权、抵押权顺位或者变更抵押权的，其他担保人在抵押权人丧失优先受偿权益的范围内免除担保责任，但其他担保人承诺仍然提供担保的除外。

第一百九十五条 债务人不履行到期债务或者发生当事人约定的实现抵押权的情形，抵押权人可以与抵押人协议以抵押财产折价或者以拍卖、变卖该抵押财产所得的价款优先受偿。协议损害其他债权人利益的，其他债权人可以在知道或者应当知道撤销事由之日起一年内请求人民法院撤销该协议。

抵押权人与抵押人未就抵押权实现方式达成协议的,抵押权人可以请求人民法院拍卖、变卖抵押财产。

抵押财产折价或者变卖的,应当参照市场价格。

第一百九十六条 依照本法第一百八十一条规定设定抵押的,抵押财产自下列情形之一发生时确定:

(一)债务履行期届满,债权未实现;

(二)抵押人被宣告破产或者被撤销;

(三)当事人约定的实现抵押权的情形;

(四)严重影响债权实现的其他情形。

第一百九十七条 债务人不履行到期债务或者发生当事人约定的实现抵押权的情形,致使抵押财产被人民法院依法扣押的,自扣押之日起抵押权人有权收取该抵押财产的天然孳息或者法定孳息,但抵押权人未通知应当清偿法定孳息的义务人的除外。

前款规定的孳息应当先充抵收取孳息的费用。

第一百九十八条 抵押财产折价或者拍卖、变卖后,其价款超过债权数额的部分归抵押人所有,不足部分由债务人清偿。

第一百九十九条 同一财产向两个以上债权人抵押的,拍卖、变卖抵押财产所得的价款依照下列规定清偿:

(一)抵押权已登记的,按照登记的先后顺序清偿;顺序相同的,按照债权比例清偿;

(二)抵押权已登记的先于未登记的受偿;

(三)抵押权未登记的,按照债权比例清偿。

第二百条 建设用地使用权抵押后,该土地上新增的建筑物不属于抵押财产。该建设用地使用权实现抵押权时,应当将该土地上新增的建筑物与建设用地使用权一并处分,但新增建筑物所得的价款,抵押权人无权优先受偿。

第二百零一条 依照本法第一百八十条第一款第三项规定的土地承包经营权抵押的,或者依照本法第一百八十三条规定以乡镇、村企业的厂房等建筑物占用范围内的建设用地使用权一并抵押的，实现抵押权后，未经法定程序，不得改变土地所有权的性质和土地用途。

第二百零二条　抵押权人应当在主债权诉讼时效期间行使抵押权；未行使的，人民法院不予保护。

第二节　最高额抵押权

第二百零三条　为担保债务的履行，债务人或者第三人对一定期间内将要连续发生的债权提供担保财产的，债务人不履行到期债务或者发生当事人约定的实现抵押权的情形，抵押权人有权在最高债权额限度内就该担保财产优先受偿。

最高额抵押权设立前已经存在的债权，经当事人同意，可以转入最高额抵押担保的债权范围。

第二百零四条　最高额抵押担保的债权确定前，部分债权转让的，最高额抵押权不得转让，但当事人另有约定的除外。

第二百零五条　最高额抵押担保的债权确定前，抵押权人与抵押人可以通过协议变更债权确定的期间、债权范围以及最高债权额，但变更的内容不得对其他抵押权人产生不利影响。

第二百零六条　有下列情形之一的，抵押权人的债权确定：

（一）约定的债权确定期间届满；

（二）没有约定债权确定期间或者约定不明确，抵押权人或者抵押人自最高额抵押权设立之日起满二年后请求确定债权；

（三）新的债权不可能发生；

（四）抵押财产被查封、扣押；

（五）债务人、抵押人被宣告破产或者被撤销；

（六）法律规定债权确定的其他情形。

第二百零七条　最高额抵押权除适用本节规定外，适用本章第一节一般抵押权的规定。

第十七章 质 权

第一节 动产质权

第二百零八条 为担保债务的履行,债务人或者第三人将其动产出质给债权人占有的,债务人不履行到期债务或者发生当事人约定的实现质权的情形,债权人有权就该动产优先受偿。

前款规定的债务人或者第三人为出质人,债权人为质权人,交付的动产为质押财产。

第二百零九条 法律、行政法规禁止转让的动产不得出质。

第二百一十条 设立质权,当事人应当采取书面形式订立质权合同。

质权合同一般包括下列条款:

(一)被担保债权的种类和数额;

(二)债务人履行债务的期限;

(三)质押财产的名称、数量、质量、状况;

(四)担保的范围;

(五)质押财产交付的时间。

第二百一十一条 质权人在债务履行期届满前,不得与出质人约定债务人不履行到期债务时质押财产归债权人所有。

第二百一十二条 质权自出质人交付质押财产时设立。

第二百一十三条 质权人有权收取质押财产的孳息,但合同另有约定的除外。

前款规定的孳息应当先充抵收取孳息的费用。

第二百一十四条 质权人在质权存续期间,未经出质人同意,擅自使用、处分质押财产,给出质人造成损害的,应当承担赔偿责任。

第二百一十五条 质权人负有妥善保管质押财产的义务;因保管不善致使质押财产毁损、灭失的,应当承担赔偿责任。

质权人的行为可能使质押财产毁损、灭失的,出质人可以要求质权人将质押财产提存，或者要求提前清偿债务并返还质押财产。

第二百一十六条　因不能归责于质权人的事由可能使质押财产毁损或者价值明显减少，足以危害质权人权利的，质权人有权要求出质人提供相应的担保；出质人不提供的，质权人可以拍卖、变卖质押财产，并与出质人通过协议将拍卖、变卖所得的价款提前清偿债务或者提存。

第二百一十七条　质权人在质权存续期间，未经出质人同意转质，造成质押财产毁损、灭失的，应当向出质人承担赔偿责任。

第二百一十八条　质权人可以放弃质权。债务人以自己的财产出质，质权人放弃该质权的，其他担保人在质权人丧失优先受偿权益的范围内免除担保责任，但其他担保人承诺仍然提供担保的除外。

第二百一十九条　债务人履行债务或者出质人提前清偿所担保的债权的，质权人应当返还质押财产。

债务人不履行到期债务或者发生当事人约定的实现质权的情形，质权人可以与出质人协议以质押财产折价，也可以就拍卖、变卖质押财产所得的价款优先受偿。

质押财产折价或者变卖的，应当参照市场价格。

第二百二十条　出质人可以请求质权人在债务履行期届满后及时行使质权；质权人不行使的，出质人可以请求人民法院拍卖、变卖质押财产。

出质人请求质权人及时行使质权，因质权人怠于行使权利造成损害的，由质权人承担赔偿责任。

第二百二十一条　质押财产折价或者拍卖、变卖后，其价款超过债权数额的部分归出质人所有，不足部分由债务人清偿。

第二百二十二条　出质人与质权人可以协议设立最高额质权。

最高额质权除适用本节有关规定外，参照本法第十六章第二节最高额抵押权的规定。

第二节 权利质权

第二百二十三条 债务人或者第三人有权处分的下列权利可以出质：

（一）汇票、支票、本票；

（二）债券、存款单；

（三）仓单、提单；

（四）可以转让的基金份额、股权；

（五）可以转让的注册商标专用权、专利权、著作权等知识产权中的财产权；

（六）应收账款；

（七）法律、行政法规规定可以出质的其他财产权利。

第二百二十四条 以汇票、支票、本票、债券、存款单、仓单、提单出质的，当事人应当订立书面合同。质权自权利凭证交付质权人时设立；没有权利凭证的，质权自有关部门办理出质登记时设立。

第二百二十五条 汇票、支票、本票、债券、存款单、仓单、提单的兑现日期或者提货日期先于主债权到期的，质权人可以兑现或者提货，并与出质人协议将兑现的价款或者提取的货物提前清偿债务或者提存。

第二百二十六条 以基金份额、股权出质的，当事人应当订立书面合同。以基金份额、证券登记结算机构登记的股权出质的，质权自证券登记结算机构办理出质登记时设立；以其他股权出质的，质权自工商行政管理部门办理出质登记时设立。

基金份额、股权出质后，不得转让，但经出质人与质权人协商同意的除外。出质人转让基金份额、股权所得的价款，应当向质权人提前清偿债务或者提存。

第二百二十七条 以注册商标专用权、专利权、著作权等知识产权中的财产权出质的，当事人应当订立书面合同。质权自有关主管部门办理出质登记时设立。

知识产权中的财产权出质后，出质人不得转让或者许可他人使用，但经出质人与质权人协商同意的除外。出质人转让或者许可他人使用出质的知识产权中的财产权所得的价款，应当向质权人提前清偿债务或者提存。

第二百二十八条　以应收账款出质的，当事人应当订立书面合同。质权自信贷征信机构办理出质登记时设立。

应收账款出质后，不得转让，但经出质人与质权人协商同意的除外。出质人转让应收账款所得的价款，应当向质权人提前清偿债务或者提存。

第二百二十九条　权利质权除适用本节规定外，适用本章第一节动产质权的规定。

第十八章　留　置　权

第二百三十条　债务人不履行到期债务，债权人可以留置已经合法占有的债务人的动产，并有权就该动产优先受偿。

前款规定的债权人为留置权人，占有的动产为留置财产。

第二百三十一条　债权人留置的动产，应当与债权属于同一法律关系，但企业之间留置的除外。

第二百三十二条　法律规定或者当事人约定不得留置的动产，不得留置。

第二百三十三条　留置财产为可分物的，留置财产的价值应当相当于债务的金额。

第二百三十四条　留置权人负有妥善保管留置财产的义务；因保管不善致使留置财产毁损、灭失的，应当承担赔偿责任。

第二百三十五条　留置权人有权收取留置财产的孳息。

前款规定的孳息应当先充抵收取孳息的费用。

第二百三十六条　留置权人与债务人应当约定留置财产后的债

务履行期间;没有约定或者约定不明确的,留置权人应当给债务人两个月以上履行债务的期间,但鲜活易腐等不易保管的动产除外。债务人逾期未履行的,留置权人可以与债务人协议以留置财产折价,也可以就拍卖、变卖留置财产所得的价款优先受偿。

留置财产折价或者变卖的,应当参照市场价格。

第二百三十七条 债务人可以请求留置权人在债务履行期届满后行使留置权;留置权人不行使的,债务人可以请求人民法院拍卖、变卖留置财产。

第二百三十八条 留置财产折价或者拍卖、变卖后,其价款超过债权数额的部分归债务人所有,不足部分由债务人清偿。

第二百三十九条 同一动产上已设立抵押权或者质权,该动产又被留置的,留置权人优先受偿。

第二百四十条 留置权人对留置财产丧失占有或者留置权人接受债务人另行提供担保的,留置权消灭。

第五编 占 有

第十九章 占 有

第二百四十一条 基于合同关系等产生的占有,有关不动产或者动产的使用、收益、违约责任等,按照合同约定;合同没有约定或者约定不明确的,依照有关法律规定。

第二百四十二条 占有人因使用占有的不动产或者动产,致使该不动产或者动产受到损害的,恶意占有人应当承担赔偿责任。

第二百四十三条 不动产或者动产被占有人占有的,权利人可以请求返还原物及其孳息,但应当支付善意占有人因维护该不动产或者动产支出的必要费用。

第二百四十四条 占有的不动产或者动产毁损、灭失,该不动产或者动产的权利人请求赔偿的,占有人应当将因毁损、灭失取得的保险金、赔偿金或者补偿金等返还给权利人;权利人的损害未得到足够弥补的，恶意占有人还应当赔偿损失。

第二百四十五条 占有的不动产或者动产被侵占的，占有人有权请求返还原物；对妨害占有的行为，占有人有权请求排除妨害或者消除危险；因侵占或者妨害造成损害的，占有人有权请求损害赔偿。

占有人返还原物的请求权，自侵占发生之日起一年内未行使的，该请求权消灭。

附 则

第二百四十六条 法律、行政法规对不动产统一登记的范围、登记机构和登记办法作出规定前，地方性法规可以依照本法有关规定作出规定。

第二百四十七条 本法自 2007 年 10 月 1 日起施行。

三、中华人民共和国审计法

（1994 年 8 月 31 日第八届全国人民代表大会常务委员会第九次会议通过 1994 年 8 月 31 日中华人民共和国主席令第三十二号公布 根据 2006 年 2 月 28 日第十届全国人民代表大会常务委员会第二十次会议《关于修改〈中华人民共和国审计法〉的决定》修正)

第一章 总 则

第一条 为了加强国家的审计监督，维护国家财政经济秩序，提高财政资金使用效益，促进廉政建设，保障国民经济和社会健康发展，根据宪法，制定本法。

第二条 国家实行审计监督制度。国务院和县级以上地方人民政府设立审计机关。

国务院各部门和地方各级人民政府及其各部门的财政收支，国有的金融机构和企业事业组织的财务收支，以及其他依照本法规定应当接受审计的财政收支、财务收支，依照本法规定接受审计监督。

审计机关对前款所列财政收支或者财务收支的真实、合法和效益,依法进行审计监督。

第三条 审计机关依照法律规定的职权和程序,进行审计监督。

审计机关依据有关财政收支、财务收支的法律、法规和国家其他有关规定进行审计评价,在法定职权范围内作出审计决定。

第四条 国务院和县级以上地方人民政府应当每年向本级人民代表大会常务委员会提出审计机关对预算执行和其他财政收支的审计工作报告。审计工作报告应当重点报告对预算执行的审计情况。必要时,人民代表大会常务委员会可以对审计工作报告作出决议。

国务院和县级以上地方人民政府应当将审计工作报告中指出的问题的纠正情况和处理结果向本级人民代表大会常务委员会报告。

第五条 审计机关依照法律规定独立行使审计监督权,不受其他行政机关、社会团体和个人的干涉。

第六条 审计机关和审计人员办理审计事项,应当客观公正,实事求是,廉洁奉公,保守秘密。

第二章 审计机关和审计人员

第七条 国务院设立审计署,在国务院总理领导下,主管全国的审计工作。审计长是审计署的行政首长。

第八条 省、自治区、直辖市、设区的市、自治州、县、自治县、不设区的市、市辖区的人民政府的审计机关,分别在省长、自治区主席、市长、州长、县长、区长和上一级审计机关的领导下,负责本行政区域内的审计工作。

第九条 地方各级审计机关对本级人民政府和上一级审计机关负责并报告工作,审计业务以上级审计机关领导为主。

第十条 审计机关根据工作需要,经本级人民政府批准,可以在其审计管辖范围内设立派出机构。

派出机构根据审计机关的授权,依法进行审计工作。

第十一条　审计机关履行职责所必需的经费，应当列入财政预算，由本级人民政府予以保证。

第十二条　审计人员应当具备与其从事的审计工作相适应的专业知识和业务能力。

第十三条　审计人员办理审计事项，与被审计单位或者审计事项有利害关系的，应当回避。

第十四条　审计人员对其在执行职务中知悉的国家秘密和被审计单位的商业秘密，负有保密的义务。

第十五条　审计人员依法执行职务，受法律保护。

任何组织和个人不得拒绝、阻碍审计人员依法执行职务，不得打击报复审计人员。

审计机关负责人依照法定程序任免。审计机关负责人没有违法失职或者其他不符合任职条件的情况的，不得随意撤换。

地方各级审计机关负责人的任免，应当事先征求上一级审计机关的意见。

第三章　审计机关职责

第十六条　审计机关对本级各部门（含直属单位）和下级政府预算的执行情况和决算以及其他财政收支情况，进行审计监督。

第十七条　审计署在国务院总理领导下，对中央预算执行情况和其他财政收支情况进行审计监督，向国务院总理提出审计结果报告。

地方各级审计机关分别在省长、自治区主席、市长、州长、县长、区长和上一级审计机关的领导下，对本级预算执行情况和其他财政收支情况进行审计监督，向本级人民政府和上一级审计机关提出审计结果报告。

第十八条　审计署对中央银行的财务收支，进行审计监督。

审计机关对国有金融机构的资产、负债、损益，进行审计监督。

第十九条　审计机关对国家的事业组织和使用财政资金的其他事业组织的财务收支，进行审计监督。

第二十条　审计机关对国有企业的资产、负债、损益，进行审计监督。

第二十一条　对国有资本占控股地位或者主导地位的企业、金融机构的审计监督，由国务院规定。

第二十二条　审计机关对政府投资和以政府投资为主的建设项目的预算执行情况和决算，进行审计监督。

第二十三条　审计机关对政府部门管理的和其他单位受政府委托管理的社会保障基金、社会捐赠资金以及其他有关基金、资金的财务收支，进行审计监督。

第二十四条　审计机关对国际组织和外国政府援助、贷款项目的财务收支，进行审计监督。

第二十五条　审计机关按照国家有关规定，对国家机关和依法属于审计机关审计监督对象的其他单位的主要负责人，在任职期间对本地区、本部门或者本单位的财政收支、财务收支以及有关经济活动应负经济责任的履行情况，进行审计监督。

第二十六条　除本法规定的审计事项外，审计机关对其他法律、行政法规规定应当由审计机关进行审计的事项，依照本法和有关法律、行政法规的规定进行审计监督。

第二十七条　审计机关有权对与国家财政收支有关的特定事项，向有关地方、部门、单位进行专项审计调查，并向本级人民政府和上一级审计机关报告审计调查结果。

第二十八条　审计机关根据被审计单位的财政、财务隶属关系或者国有资产监督管理关系，确定审计管辖范围。

审计机关之间对审计管辖范围有争议的，由其共同的上级审计机关确定。

上级审计机关可以将其审计管辖范围内的本法第十八条第二款

至第二十五条规定的审计事项，授权下级审计机关进行审计；上级审计机关对下级审计机关审计管辖范围内的重大审计事项，可以直接进行审计，但是应当防止不必要的重复审计。

第二十九条　依法属于审计机关审计监督对象的单位，应当按照国家有关规定建立健全内部审计制度；其内部审计工作应当接受审计机关的业务指导和监督。

第三十条　社会审计机构审计的单位依法属于审计机关审计监督对象的，审计机关按照国务院的规定，有权对该社会审计机构出具的相关审计报告进行核查。

第四章　审计机关权限

第三十一条　审计机关有权要求被审计单位按照审计机关的规定提供预算或者财务收支计划、预算执行情况、决算、财务会计报告，运用电子计算机储存、处理的财政收支、财务收支电子数据和必要的电子计算机技术文档，在金融机构开立账户的情况，社会审计机构出具的审计报告，以及其他与财政收支或者财务收支有关的资料，被审计单位不得拒绝、拖延、谎报。

被审计单位负责人对本单位提供的财务会计资料的真实性和完整性负责。

第三十二条　审计机关进行审计时，有权检查被审计单位的会计凭证、会计账簿、财务会计报告和运用电子计算机管理财政收支、财务收支电子数据的系统，以及其他与财政收支、财务收支有关的资料和资产，被审计单位不得拒绝。

第三十三条　审计机关进行审计时，有权就审计事项的有关问题向有关单位和个人进行调查，并取得有关证明材料。有关单位和个人应当支持、协助审计机关工作，如实向审计机关反映情况，提供有关证明材料。

审计机关经县级以上人民政府审计机关负责人批准，有权查询被审计单位在金融机构的账户。

审计机关有证据证明被审计单位以个人名义存储公款的，经县级以上人民政府审计机关主要负责人批准，有权查询被审计单位以个人名义在金融机构的存款。

第三十四条 审计机关进行审计时，被审计单位不得转移、隐匿、篡改、毁弃会计凭证、会计账簿、财务会计报告以及其他与财政收支或者财务收支有关的资料，不得转移、隐匿所持有的违反国家规定取得的资产。

审计机关对被审计单位违反前款规定的行为，有权予以制止；必要时，经县级以上人民政府审计机关负责人批准，有权封存有关资料和违反国家规定取得的资产；对其中在金融机构的有关存款需要予以冻结的，应当向人民法院提出申请。

审计机关对被审计单位正在进行的违反国家规定的财政收支、财务收支行为，有权予以制止；制止无效的，经县级以上人民政府审计机关负责人批准，通知财政部门和有关主管部门暂停拨付与违反国家规定的财政收支、财务收支行为直接有关的款项，已经拨付的，暂停使用。

审计机关采取前两款规定的措施不得影响被审计单位合法的业务活动和生产经营活动。

第三十五条 审计机关认为被审计单位所执行的上级主管部门有关财政收支、财务收支的规定与法律、行政法规相抵触的，应当建议有关主管部门纠正；有关主管部门不予纠正的，审计机关应当提请有权处理的机关依法处理。

第三十六条 审计机关可以向政府有关部门通报或者向社会公布审计结果。

审计机关通报或者公布审计结果，应当依法保守国家秘密和被审计单位的商业秘密，遵守国务院的有关规定。

第三十七条 审计机关履行审计监督职责，可以提请公安、监察、财政、税务、海关、价格、工商行政管理等机关予以协助。

第五章 审计程序

第三十八条 审计机关根据审计项目计划确定的审计事项组成审计组，并应当在实施审计三日前，向被审计单位送达审计通知书；遇有特殊情况，经本级人民政府批准，审计机关可以直接持审计通知书实施审计。

被审计单位应当配合审计机关的工作，并提供必要的工作条件。

审计机关应当提高审计工作效率。

第三十九条 审计人员通过审查会计凭证、会计账簿、财务会计报告，查阅与审计事项有关的文件、资料，检查现金、实物、有价证券，向有关单位和个人调查等方式进行审计，并取得证明材料。

审计人员向有关单位和个人进行调查时，应当出示审计人员的工作证件和审计通知书副本。

第四十条 审计组对审计事项实施审计后，应当向审计机关提出审计组的审计报告。审计组的审计报告报送审计机关前，应当征求被审计对象的意见。被审计对象应当自接到审计组的审计报告之日起十日内，将其书面意见送交审计组。审计组应当将被审计对象的书面意见一并报送审计机关。

第四十一条 审计机关按照审计署规定的程序对审计组的审计报告进行审议，并对被审计对象对审计组的审计报告提出的意见一并研究后，提出审计机关的审计报告；对违反国家规定的财政收支、财务收支行为，依法应当给予处理、处罚的，在法定职权范围内作出审计决定或者向有关主管机关提出处理、处罚的意见。

审计机关应当将审计机关的审计报告和审计决定送达被审计单位和有关主管机关、单位。审计决定自送达之日起生效。

第四十二条 上级审计机关认为下级审计机关作出的审计决定违反国家有关规定的，可以责成下级审计机关予以变更或者撤销，必要时也可以直接作出变更或者撤销的决定。

第六章 法律责任

第四十三条 被审计单位违反本法规定,拒绝或者拖延提供与审计事项有关的资料的,或者提供的资料不真实、不完整的,或者拒绝、阻碍检查的,由审计机关责令改正,可以通报批评,给予警告;拒不改正的,依法追究责任。

第四十四条 被审计单位违反本法规定,转移、隐匿、篡改、毁弃会计凭证、会计账簿、财务会计报告以及其他与财政收支、财务收支有关的资料,或者转移、隐匿所持有的违反国家规定取得的资产,审计机关认为对直接负责的主管人员和其他直接责任人员依法应当给予处分的,应当提出给予处分的建议,被审计单位或者其上级机关、监察机关应当依法及时作出决定,并将结果书面通知审计机关;构成犯罪的,依法追究刑事责任。

第四十五条 对本级各部门(含直属单位)和下级政府违反预算的行为或者其他违反国家规定的财政收支行为,审计机关、人民政府或者有关主管部门在法定职权范围内,依照法律、行政法规的规定,区别情况采取下列处理措施:

(一)责令限期缴纳应当上缴的款项;

(二)责令限期退还被侵占的国有资产;

(三)责令限期退还违法所得;

(四)责令按照国家统一的会计制度的有关规定进行处理;

(五)其他处理措施。

第四十六条 对被审计单位违反国家规定的财务收支行为,审计机关、人民政府或者有关主管部门在法定职权范围内,依照法律、行政法规的规定,区别情况采取前条规定的处理措施,并可以依法给予处罚。

第四十七条 审计机关在法定职权范围内作出的审计决定,被审计单位应当执行。

审计机关依法责令被审计单位上缴应当上缴的款项，被审计单位拒不执行的，审计机关应当通报有关主管部门，有关主管部门应当依照有关法律、行政法规的规定予以扣缴或者采取其他处理措施，并将结果书面通知审计机关。

第四十八条　被审计单位对审计机关作出的有关财务收支的审计决定不服的，可以依法申请行政复议或者提起行政诉讼。

被审计单位对审计机关作出的有关财政收支的审计决定不服的，可以提请审计机关的本级人民政府裁决，本级人民政府的裁决为最终决定。

第四十九条　被审计单位的财政收支、财务收支违反国家规定，审计机关认为对直接负责的主管人员和其他直接责任人员依法应当给予处分的，应当提出给予处分的建议，被审计单位或者其上级机关、监察机关应当依法及时作出决定，并将结果书面通知审计机关。

第五十条　被审计单位的财政收支、财务收支违反法律、行政法规的规定，构成犯罪的，依法追究刑事责任。

第五十一条　报复陷害审计人员的，依法给予处分；构成犯罪的，依法追究刑事责任。

第五十二条　审计人员滥用职权、徇私舞弊、玩忽职守或者泄露所知悉的国家秘密、商业秘密的，依法给予处分；构成犯罪的，依法追究刑事责任。

第七章　附　　则

第五十三条　中国人民解放军审计工作的规定，由中央军事委员会根据本法制定。

第五十四条　本法自1995年1月1日起施行。1988年11月30日国务院发布的《中华人民共和国审计条例》同时废止。

四、中华人民共和国审计法实施条例

(1997年10月21日中华人民共和国国务院令第231号公布 2010年2月2日国务院第100次常务会议修订通过)

第一章 总 则

第一条 根据《中华人民共和国审计法》(以下简称《审计法》)的规定,制定本条例。

第二条 审计法所称审计,是指审计机关依法独立检查被审计单位的会计凭证、会计账簿、财务会计报告以及其他与财政收支、财务收支有关的资料和资产,监督财政收支、财务收支真实、合法和效益的行为。

第三条 审计法所称财政收支,是指依照《中华人民共和国预算法》和国家其他有关规定,纳入预算管理的收入和支出,以及下列财政资金中未纳入预算管理的收入和支出:

(一)行政事业性收费;

(二)国有资源、国有资产收入;

(三)应当上缴的国有资本经营收益;

(四)政府举借债务筹措的资金;

(五)其他未纳入预算管理的财政资金。

第四条 审计法所称财务收支,是指国有的金融机构、企业事业组织以及依法应当接受审计机关审计监督的其他单位,按照国家财务会计制度的规定,实行会计核算的各项收入和支出。

第五条 审计机关依照审计法和本条例以及其他有关法律、法规规定的职责、权限和程序进行审计监督。

审计机关依照有关财政收支、财务收支的法律、法规,以及国家有关政策、标准、项目目标等方面的规定进行审计评价,对被审计单位违反国家规定的财政收支、财务收支行为,在法定职权范围内作出处理、处罚的决定。

第六条 任何单位和个人对依法应当接受审计机关审计监督的单位违反国家规定的财政收支、财务收支行为，有权向审计机关举报。审计机关接到举报，应当依法及时处理。

第二章 审计机关和审计人员

第七条 审计署在国务院总理领导下，主管全国的审计工作，履行审计法和国务院规定的职责。

地方各级审计机关在本级人民政府行政首长和上一级审计机关的领导下，负责本行政区域的审计工作，履行法律、法规和本级人民政府规定的职责。

第八条 省、自治区人民政府设有派出机关的，派出机关的审计机关对派出机关和省、自治区人民政府审计机关负责并报告工作，审计业务以省、自治区人民政府审计机关领导为主。

第九条 审计机关派出机构依照法律、法规和审计机关的规定，在审计机关的授权范围内开展审计工作，不受其他行政机关、社会团体和个人的干涉。

第十条 审计机关编制年度经费预算草案的依据主要包括：

（一）法律、法规；

（二）本级人民政府的决定和要求；

（三）审计机关的年度审计工作计划；

（四）定员定额标准；

（五）上一年度经费预算执行情况和本年度的变化因素。

第十一条 审计人员实行审计专业技术资格制度，具体按照国家有关规定执行。

审计机关根据工作需要，可以聘请具有与审计事项相关专业知识的人员参加审计工作。

第十二条 审计人员办理审计事项，有下列情形之一的，应当申

请回避,被审计单位也有权申请审计人员回避:

(一)与被审计单位负责人或者有关主管人员有夫妻关系、直系血亲关系、三代以内旁系血亲或者近姻亲关系的;

(二)与被审计单位或者审计事项有经济利益关系的;

(三)与被审计单位、审计事项、被审计单位负责人或者有关主管人员有其他利害关系,可能影响公正执行公务的。

审计人员的回避,由审计机关负责人决定;审计机关负责人办理审计事项时的回避,由本级人民政府或者上一级审计机关负责人决定。

第十三条　地方各级审计机关正职和副职负责人的任免,应当事先征求上一级审计机关的意见。

第十四条　审计机关负责人在任职期间没有下列情形之一的,不得随意撤换:

(一)因犯罪被追究刑事责任的;

(二)因严重违法、失职受到处分,不适宜继续担任审计机关负责人的;

(三)因健康原因不能履行职责1年以上的;

(四)不符合国家规定的其他任职条件的。

第三章　审计机关职责

第十五条　审计机关对本级人民政府财政部门具体组织本级预算执行的情况,本级预算收入征收部门征收预算收入的情况,与本级人民政府财政部门直接发生预算缴款、拨款关系的部门、单位的预算执行情况和决算,下级人民政府的预算执行情况和决算,以及其他财政收支情况,依法进行审计监督。经本级人民政府批准,审计机关对其他取得财政资金的单位和项目接受、运用财政资金的真实、合法和效益情况,依法进行审计监督。

第十六条　审计机关对本级预算收入和支出的执行情况进行审

计监督的内容包括：

（一）财政部门按照本级人民代表大会批准的本级预算向本级各部门（含直属单位）批复预算的情况、本级预算执行中调整情况和预算收支变化情况；

（二）预算收入征收部门依照法律、行政法规的规定和国家其他有关规定征收预算收入情况；

（三）财政部门按照批准的年度预算、用款计划，以及规定的预算级次和程序，拨付本级预算支出资金情况；

（四）财政部门依照法律、行政法规的规定和财政管理体制，拨付和管理政府间财政转移支付资金情况以及办理结算、结转情况；

（五）国库按照国家有关规定办理预算收入的收纳、划分、留解情况和预算支出资金的拨付情况；

（六）本级各部门（含直属单位）执行年度预算情况；

（七）依照国家有关规定实行专项管理的预算资金收支情况；

（八）法律、法规规定的其他预算执行情况。

第十七条 审计法第十七条所称审计结果报告，应当包括下列内容：

（一）本级预算执行和其他财政收支的基本情况；

（二）审计机关对本级预算执行和其他财政收支情况作出的审计评价；

（三）本级预算执行和其他财政收支中存在的问题以及审计机关依法采取的措施；

（四）审计机关提出的改进本级预算执行和其他财政收支管理工作的建议；

（五）本级人民政府要求报告的其他情况。

第十八条 审计署对中央银行及其分支机构履行职责所发生的各项财务收支，依法进行审计监督。

审计署向国务院总理提出的中央预算执行和其他财政收支情况

审计结果报告，应当包括对中央银行的财务收支的审计情况。

第十九条　审计法第二十一条所称国有资本占控股地位或者主导地位的企业、金融机构，包括：

（一）国有资本占企业、金融机构资本（股本）总额的比例超过50%的；

（二）国有资本占企业、金融机构资本（股本）总额的比例在50%以下，但国有资本投资主体拥有实际控制权的。

审计机关对前款规定的企业、金融机构，除国务院另有规定外，比照审计法第十八条第二款、第二十条规定进行审计监督。

第二十条　审计法第二十二条所称政府投资和以政府投资为主的建设项目，包括：

（一）全部使用预算内投资资金、专项建设基金、政府举借债务筹措的资金等财政资金的；

（二）未全部使用财政资金，财政资金占项目总投资的比例超过50%，或者占项目总投资的比例在50%以下，但政府拥有项目建设、运营实际控制权的。

审计机关对前款规定的建设项目的总预算或者概算的执行情况、年度预算的执行情况和年度决算、单项工程结算、项目竣工决算，依法进行审计监督；对前款规定的建设项目进行审计时，可以对直接有关的设计、施工、供货等单位取得建设项目资金的真实性、合法性进行调查。

第二十一条　审计法第二十三条所称社会保障基金，包括社会保险、社会救助、社会福利基金以及发展社会保障事业的其他专项基金；所称社会捐赠资金，包括来源于境内外的货币、有价证券和实物等各种形式的捐赠。

第二十二条　审计法第二十四条所称国际组织和外国政府援助、贷款项目，包括：

（一）国际组织、外国政府及其机构向中国政府及其机构提供的贷款项目；

（二）国际组织、外国政府及其机构向中国企业事业组织以及其他组织提供的由中国政府及其机构担保的贷款项目；

（三）国际组织、外国政府及其机构向中国政府及其机构提供的援助和赠款项目；

（四）国际组织、外国政府及其机构向受中国政府委托管理有关基金、资金的单位提供的援助和赠款项目；

（五）国际组织、外国政府及其机构提供援助、贷款的其他项目。

第二十三条　审计机关可以依照审计法和本条例规定的审计程序、方法以及国家其他有关规定，对预算管理或者国有资产管理使用等与国家财政收支有关的特定事项，向有关地方、部门、单位进行专项审计调查。

第二十四条　审计机关根据被审计单位的财政、财务隶属关系，确定审计管辖范围；不能根据财政、财务隶属关系确定审计管辖范围的，根据国有资产监督管理关系，确定审计管辖范围。

两个以上国有资本投资主体投资的金融机构、企业事业组织和建设项目，由对主要投资主体有审计管辖权的审计机关进行审计监督。

第二十五条　各级审计机关应当按照确定的审计管辖范围进行审计监督。

第二十六条　依法属于审计机关审计监督对象的单位的内部审计工作，应当接受审计机关的业务指导和监督。

依法属于审计机关审计监督对象的单位，可以根据内部审计工作的需要，参加依法成立的内部审计自律组织。审计机关可以通过内部审计自律组织，加强对内部审计工作的业务指导和监督。

第二十七条　审计机关进行审计或者专项审计调查时，有权对社会审计机构出具的相关审计报告进行核查。

审计机关核查社会审计机构出具的相关审计报告时，发现社会审计机构存在违反法律、法规或者执业准则等情况的，应当移送有关主管机关依法追究责任。

第四章　审计机关权限

第二十八条　审计机关依法进行审计监督时，被审计单位应当依照审计法第三十一条规定，向审计机关提供与财政收支、财务收支有关的资料。被审计单位负责人应当对本单位提供资料的真实性和完整性作出书面承诺。

第二十九条　各级人民政府财政、税务以及其他部门(含直属单位)应当向本级审计机关报送下列资料：

(一)本级人民代表大会批准的本级预算和本级人民政府财政部门向本级各部门(含直属单位)批复的预算，预算收入征收部门的年度收入计划，以及本级各部门(含直属单位)向所属各单位批复的预算；

(二)本级预算收支执行和预算收入征收部门的收入计划完成情况月报、年报，以及决算情况；

(三)综合性财政税务工作统计年报、情况简报，财政、预算、税务、财务和会计等规章制度；

(四)本级各部门(含直属单位)汇总编制的本部门决算草案。

第三十条　审计机关依照审计法第三十三条规定查询被审计单位在金融机构的账户的，应当持县级以上人民政府审计机关负责人签发的协助查询单位账户通知书；查询被审计单位以个人名义在金融机构的存款的，应当持县级以上人民政府审计机关主要负责人签发的协助查询个人存款通知书。有关金融机构应当予以协助，并提供证明材料，审计机关和审计人员负有保密义务。

第三十一条　审计法第三十四条所称违反国家规定取得的资产，包括：

(一)弄虚作假骗取的财政拨款、实物以及金融机构贷款；

（二）违反国家规定享受国家补贴、补助、贴息、免息、减税、免税、退税等优惠政策取得的资产；

（三）违反国家规定向他人收取的款项、有价证券、实物；

（四）违反国家规定处分国有资产取得的收益；

（五）违反国家规定取得的其他资产。

第三十二条 审计机关依照审计法第三十四条规定封存被审计单位有关资料和违反国家规定取得的资产的，应当持县级以上人民政府审计机关负责人签发的封存通知书，并在依法收集与审计事项相关的证明材料或者采取其他措施后解除封存。封存的期限为7日以内；有特殊情况需要延长的，经县级以上人民政府审计机关负责人批准，可以适当延长，但延长的期限不得超过7日。

对封存的资料、资产，审计机关可以指定被审计单位负责保管，被审计单位不得损毁或者擅自转移。

第三十三条 审计机关依照审计法第三十六条规定，可以就有关审计事项向政府有关部门通报或者向社会公布对被审计单位的审计、专项审计调查结果。

审计机关经与有关主管机关协商，可以在向社会公布的审计、专项审计调查结果中，一并公布对社会审计机构相关审计报告核查的结果。

审计机关拟向社会公布对上市公司的审计、专项审计调查结果的，应当在5日前将拟公布的内容告知上市公司。

第五章 审计程序

第三十四条 审计机关应当根据法律、法规和国家其他有关规定，按照本级人民政府和上级审计机关的要求，确定年度审计工作重点，编制年度审计项目计划。

审计机关在年度审计项目计划中确定对国有资本占控股地位或者主导地位的企业、金融机构进行审计的，应当自确定之日起7日内告知列入年度审计项目计划的企业、金融机构。

第三十五条 审计机关应当根据年度审计项目计划，组成审计组，调查了解被审计单位的有关情况，编制审计方案，并在实施审计3日前，向被审计单位送达审计通知书。

第三十六条 审计法第三十八条所称特殊情况，包括：

(一)办理紧急事项的；

(二)被审计单位涉嫌严重违法违规的；

(三)其他特殊情况。

第三十七条 审计人员实施审计时，应当按照下列规定办理：

(一)通过检查、查询、监督盘点、发函询证等方法实施审计；

(二)通过收集原件、原物或者复制、拍照等方法取得证明材料；

(三)对与审计事项有关的会议和谈话内容作出记录，或者要求被审计单位提供会议记录材料；

(四)记录审计实施过程和查证结果。

第三十八条 审计人员向有关单位和个人调查取得的证明材料，应当有提供者的签名或者盖章；不能取得提供者签名或者盖章的，审计人员应当注明原因。

第三十九条 审计组向审计机关提出审计报告前，应当书面征求被审计单位意见。被审计单位应当自接到审计组的审计报告之日起10日内，提出书面意见；10日内未提出书面意见的，视同无异议。

审计组应当针对被审计单位提出的书面意见，进一步核实情况，对审计组的审计报告作必要修改，连同被审计单位的书面意见一并报送审计机关。

第四十条 审计机关有关业务机构和专门机构或者人员对审计组的审计报告以及相关审计事项进行复核、审理后，由审计机关按照下列规定办理：

(一)提出审计机关的审计报告，内容包括：对审计事项的审计评价，对违反国家规定的财政收支、财务收支行为提出的处理、处罚

意见,移送有关主管机关、单位的意见,改进财政收支、财务收支管理工作的意见;

（二）对违反国家规定的财政收支、财务收支行为,依法应当给予处理、处罚的,在法定职权范围内作出处理、处罚的审计决定;

（三）对依法应当追究有关人员责任的,向有关主管机关、单位提出给予处分的建议;对依法应当由有关主管机关处理、处罚的,移送有关主管机关;涉嫌犯罪的,移送司法机关。

第四十一条 审计机关在审计中发现损害国家利益和社会公共利益的事项,但处理、处罚依据又不明确的,应当向本级人民政府和上一级审计机关报告。

第四十二条 被审计单位应当按照审计机关规定的期限和要求执行审计决定。对应当上缴的款项,被审计单位应当按照财政管理体制和国家有关规定缴入国库或者财政专户。审计决定需要有关主管机关、单位协助执行的,审计机关应当书面提请协助执行。

第四十三条 上级审计机关应当对下级审计机关的审计业务依法进行监督。

下级审计机关作出的审计决定违反国家有关规定的,上级审计机关可以责成下级审计机关予以变更或者撤销,也可以直接作出变更或者撤销的决定;审计决定被撤销后需要重新作出审计决定的,上级审计机关可以责成下级审计机关在规定的期限内重新作出审计决定,也可以直接作出审计决定。

下级审计机关应当作出而没有作出审计决定的,上级审计机关可以责成下级审计机关在规定的期限内作出审计决定,也可以直接作出审计决定。

第四十四条 审计机关进行专项审计调查时,应当向被调查的地方、部门、单位出示专项审计调查的书面通知,并说明有关情况;有关地方、部门、单位应当接受调查,如实反映情况,提供有关资料。

在专项审计调查中,依法属于审计机关审计监督对象的部门、单位有违反国家规定的财政收支、财务收支行为或者其他违法违规行为的，专项审计调查人员和审计机关可以依照审计法和本条例的规定提出审计报告，作出审计决定，或者移送有关主管机关、单位依法追究责任。

第四十五条 审计机关应当按照国家有关规定建立、健全审计档案制度。

第四十六条 审计机关送达审计文书，可以直接送达，也可以邮寄送达或者以其他方式送达。直接送达的，以被审计单位在送达回证上注明的签收日期或者见证人证明的收件日期为送达日期；邮寄送达的，以邮政回执上注明的收件日期为送达日期；以其他方式送达的，以签收或者收件日期为送达日期。

审计机关的审计文书的种类、内容和格式，由审计署规定。

第六章 法律责任

第四十七条 被审计单位违反审计法和本条例的规定，拒绝、拖延提供与审计事项有关的资料，或者提供的资料不真实、不完整，或者拒绝、阻碍检查的，由审计机关责令改正，可以通报批评，给予警告；拒不改正的，对被审计单位可以处5万元以下的罚款，对直接负责的主管人员和其他直接责任人员，可以处2万元以下的罚款，审计机关认为应当给予处分的，向有关主管机关、单位提出给予处分的建议；构成犯罪的，依法追究刑事责任。

第四十八条 对本级各部门（含直属单位）和下级人民政府违反预算的行为或者其他违反国家规定的财政收支行为，审计机关在法定职权范围内，依照法律、行政法规的规定，区别情况采取审计法第四十五条规定的处理措施。

第四十九条 对被审计单位违反国家规定的财务收支行为，审计机关在法定职权范围内，区别情况采取审计法第四十五条规定的处理措施，可以通报批评，给予警告；有违法所得的，没收违法所得，并处违法所得1倍以上5倍以下的罚款;没有违法所得的,可以处5万元以下的罚款;对直接负责的主管人员和其他直接责任人员,可以处2万元以下的罚款,审计机关认为应当给予处分的,向有关主管机关、单位提出给予处分的建议;构成犯罪的,依法追究刑事责任。

法律、行政法规对被审计单位违反国家规定的财务收支行为处理、处罚另有规定的,从其规定。

第五十条 审计机关在作出较大数额罚款的处罚决定前,应当告知被审计单位和有关人员有要求举行听证的权利。较大数额罚款的具体标准由审计署规定。

第五十一条 审计机关提出的对被审计单位给予处理、处罚的建议以及对直接负责的主管人员和其他直接责任人员给予处分的建议,有关主管机关、单位应当依法及时作出决定,并将结果书面通知审计机关。

第五十二条 被审计单位对审计机关依照审计法第十六条、第十七条和本条例第十五条规定进行审计监督作出的审计决定不服的,可以自审计决定送达之日起60日内,提请审计机关的本级人民政府裁决,本级人民政府的裁决为最终决定。

审计机关应当在审计决定中告知被审计单位提请裁决的途径和期限。

裁决期间,审计决定不停止执行。但是,有下列情形之一的,可以停止执行:

(一)审计机关认为需要停止执行的;

(二)受理裁决的人民政府认为需要停止执行的;

(三)被审计单位申请停止执行,受理裁决的人民政府认为其要求合理,决定停止执行的。

裁决由本级人民政府法制机构办理。裁决决定应当自接到提请之日起60日内作出;有特殊情况需要延长的,经法制机构负责人批准,可以适当延长,并告知审计机关和提请裁决的被审计单位,但延长的期限不得超过30日。

第五十三条　除本条例第五十二条规定的可以提请裁决的审计决定外，被审计单位对审计机关作出的其他审计决定不服的，可以依法申请行政复议或者提起行政诉讼。

审计机关应当在审计决定中告知被审计单位申请行政复议或者提起行政诉讼的途径和期限。

第五十四条　被审计单位应当将审计决定执行情况书面报告审计机关。审计机关应当检查审计决定的执行情况。

被审计单位不执行审计决定的，审计机关应当责令限期执行；逾期仍不执行的，审计机关可以申请人民法院强制执行，建议有关主管机关、单位对直接负责的主管人员和其他直接责任人员给予处分。

第五十五条　审计人员滥用职权、徇私舞弊、玩忽职守，或者泄露所知悉的国家秘密、商业秘密的，依法给予处分；构成犯罪的，依法追究刑事责任。

审计人员违法违纪取得的财物，依法予以追缴、没收或者责令退赔。

第七章　附　　则

第五十六条　本条例所称以上、以下，包括本数。

本条例第五十二条规定的期间的最后一日是法定节假日的，以节假日后的第一个工作日为期间届满日。审计法和本条例规定的其他期间以工作日计算，不含法定节假日。

第五十七条　实施经济责任审计的规定，另行制定。

第五十八条　本条例自2010年5月1日起施行。

五、审计署关于内部审计工作的规定

（审计署令第11号）

第一章　总　　则

第一条　为了加强内部审计工作，建立健全内部审计制度，提升内部审计工作质量，充分发挥内部审计作用，根据《中华人民共和国审计法》《中华人民共和国审计法实施条例》以及国家其他有关规定，制定本规定。

第二条　依法属于审计机关审计监督对象的单位(以下统称单位)的内部审计工作，以及审计机关对单位内部审计工作的业务指导和监督，适用本规定。

第三条　本规定所称内部审计，是指对本单位及所属单位财政财务收支、经济活动、内部控制、风险管理实施独立、客观的监督、评价和建议，以促进单位完善治理、实现目标的活动。

第四条　单位应当依照有关法律法规、本规定和内部审计职业规范，结合本单位实际情况，建立健全内部审计制度，明确内部审计工作的领导体制、职责权限、人员配备、经费保障、审计结果运用和责任追究等。

第五条　内部审计机构和内部审计人员从事内部审计工作，应当严格遵守有关法律法规、本规定和内部审计职业规范，忠于职守，做到独立、客观、公正、保密。

内部审计机构和内部审计人员不得参与可能影响独立、客观履行审计职责的工作。

第二章　内部审计机构和人员管理

第六条　国家机关、事业单位、社会团体等单位的内部审计机构或者履行内部审计职责的内设机构，应当在本单位党组织、主要负责人的直接领导下开展内部审计工作，向其负责并报告工作。

国有企业内部审计机构或者履行内部审计职责的内设机构应当在企业党组织、董事会(或者主要负责人)直接领导下开展内部审计工作,向其负责并报告工作。国有企业应当按照有关规定建立总审计师制度。总审计师协助党组织、董事会(或者主要负责人)管理内部审计工作。

第七条　内部审计人员应当具备从事审计工作所需要的专业能力。单位应当严格内部审计人员录用标准,支持和保障内部审计机构通过多种途径开展继续教育,提高内部审计人员的职业胜任能力。

内部审计机构负责人应当具备审计、会计、经济、法律或者管理等工作背景。

第八条　内部审计机构应当根据工作需要,合理配备内部审计人员。除涉密事项外,可以根据内部审计工作需要向社会购买审计服务,并对采用的审计结果负责。

第九条　单位应当保障内部审计机构和内部审计人员依法依规独立履行职责,任何单位和个人不得打击报复。

第十条　内部审计机构履行内部审计职责所需经费,应当列入本单位预算。

第十一条　对忠于职守、坚持原则、认真履职、成绩显著的内部审计人员,由所在单位予以表彰。

第三章　内部审计职责权限和程序

第十二条　内部审计机构或者履行内部审计职责的内设机构应当按照国家有关规定和本单位的要求,履行下列职责:

(一)对本单位及所属单位贯彻落实国家重大政策措施情况进行审计;

(二)对本单位及所属单位发展规划、战略决策、重大措施以及年度业务计划执行情况进行审计;

(三)对本单位及所属单位财政财务收支进行审计;

(四)对本单位及所属单位固定资产投资项目进行审计;

(五)对本单位及所属单位的自然资源资产管理和生态环境保

护责任的履行情况进行审计；

(六)对本单位及所属单位的境外机构、境外资产和境外经济活动进行审计；

(七)对本单位及所属单位经济管理和效益情况进行审计；

(八)对本单位及所属单位内部控制及风险管理情况进行审计；

(九)对本单位内部管理的领导人员履行经济责任情况进行审计；

(十)协助本单位主要负责人督促落实审计发现问题的整改工作；

(十一)对本单位所属单位的内部审计工作进行指导、监督和管理；

(十二)国家有关规定和本单位要求办理的其他事项。

第十三条 内部审计机构或者履行内部审计职责的内设机构应有下列权限：

(一)要求被审计单位按时报送发展规划、战略决策、重大措施、内部控制、风险管理、财政财务收支等有关资料(含相关电子数据，下同)，以及必要的计算机技术文档；

(二)参加单位有关会议，召开与审计事项有关的会议；

(三)参与研究制定有关的规章制度，提出制定内部审计规章制度的建议；

(四)检查有关财政财务收支、经济活动、内部控制、风险管理的资料、文件和现场勘察实物；

(五)检查有关计算机系统及其电子数据和资料；

(六)就审计事项中的有关问题，向有关单位和个人开展调查和询问，取得相关证明材料；

(七)对正在进行的严重违法违规、严重损失浪费行为及时向单位主要负责人报告，经同意作出临时制止决定；

(八)对可能转移、隐匿、篡改、毁弃会计凭证、会计账簿、会计报表以及与经济活动有关的资料，经批准，有权予以暂时封存；

（九）提出纠正、处理违法违规行为的意见和改进管理、提高绩效的建议；

（十）对违法违规和造成损失浪费的被审计单位和人员，给予通报批评或者提出追究责任的建议；

（十一）对严格遵守财经法规、经济效益显著、贡献突出的被审计单位和个人，可以向单位党组织、董事会（或者主要负责人）提出表彰建议。

第十四条　单位党组织、董事会（或者主要负责人）应当定期听取内部审计工作汇报，加强对内部审计工作规划、年度审计计划、审计质量控制、问题整改和队伍建设等重要事项的管理。

第十五条　下属单位、分支机构较多或者实行系统垂直管理的单位，其内部审计机构应当对全系统的内部审计工作进行指导和监督。系统内各单位的内部审计结果和发现的重大违纪违法问题线索，在向本单位党组织、董事会（或者主要负责人）报告的同时，应当及时向上一级单位的内部审计机构报告。

单位应当将内部审计工作计划、工作总结、审计报告、整改情况以及审计中发现的重大违纪违法问题线索等资料报送同级审计机关备案。

第十六条　内部审计的实施程序，应当依照内部审计职业规范和本单位的相关规定执行。

第十七条　内部审计机构或者履行内部审计职责的内设机构，对本单位内部管理的领导人员实施经济责任审计时，可以参照执行国家有关经济责任审计的规定。

第四章　审计结果运用

第十八条　单位应当建立健全审计发现问题整改机制，明确被审计单位主要负责人为整改第一责任人。对审计发现的问题和提出的建议，被审计单位应当及时整改，并将整改结果书面告知内部审计机构。

第十九条 单位对内部审计发现的典型性、普遍性、倾向性问题，应当及时分析研究，制定和完善相关管理制度，建立健全内部控制措施。

第二十条 内部审计机构应当加强与内部纪检监察、巡视巡察、组织人事等其他内部监督力量的协作配合，建立信息共享、结果共用、重要事项共同实施、问题整改问责共同落实等工作机制。

内部审计结果及整改情况应当作为考核、任免、奖惩干部和相关决策的重要依据。

第二十一条 单位对内部审计发现的重大违纪违法问题线索，应当按照管辖权限依法依规及时移送纪检监察机关、司法机关。

第二十二条 审计机关在审计中，特别是在国家机关、事业单位和国有企业三级以下单位审计中，应当有效利用内部审计力量和成果。对内部审计发现且已经纠正的问题不再在审计报告中反映。

第五章 对内部审计工作的指导和监督

第二十三条 审计机关应当依法对内部审计工作进行业务指导和监督，明确内部职能机构和专职人员，并履行下列职责：

（一）起草有关内部审计工作的法规草案；

（二）制定有关内部审计工作的规章制度和规划；

（三）推动单位建立健全内部审计制度；

（四）指导内部审计统筹安排审计计划，突出审计重点；

（五）监督内部审计职责履行情况，检查内部审计业务质量；

（六）指导内部审计自律组织开展工作；

（七）法律、法规规定的其他职责。

第二十四条 审计机关可以通过业务培训、交流研讨等方式，加强对内部审计人员的业务指导。

第二十五条　审计机关应当对单位报送的备案资料进行分析，将其作为编制年度审计项目计划的参考依据。

第二十六条　审计机关可以采取日常监督、结合审计项目监督、专项检查等方式，对单位的内部审计制度建立健全情况、内部审计工作质量情况等进行指导和监督。

对内部审计制度建设和内部审计工作质量存在问题的，审计机关应当督促单位内部审计机构及时进行整改并书面报告整改情况；情节严重的，应当通报批评并视情况抄送有关主管部门。

第二十七条　审计机关应当按照国家有关规定对内部审计自律组织进行政策和业务指导，推动内部审计自律组织按照法律法规和章程开展活动。必要时，可以向内部审计自律组织购买服务。

第六章　责任追究

第二十八条　被审计单位有下列情形之一的，由单位党组织、董事会（或者主要负责人）责令改正，并对直接负责的主管人员和其他直接责任人员进行处理：

（一）拒绝接受或者不配合内部审计工作的；

（二）拒绝、拖延提供与内部审计事项有关的资料，或者提供资料不真实、不完整的；

（三）拒不纠正审计发现问题的；

（四）整改不力、屡审屡犯的；

（五）违反国家规定或者本单位内部规定的其他情形。

第二十九条　内部审计机构或者履行内部审计职责的内设机构和内部审计人员有下列情形之一的，由单位对直接负责的主管人员和其他直接责任人员进行处理；涉嫌犯罪的，移送司法机关依法追究刑事责任：

（一）未按有关法律法规、本规定和内部审计职业规范实施审计导致应当发现的问题未被发现并造成严重后果的；

(二)隐瞒审计查出的问题或者提供虚假审计报告的;

(三)泄露国家秘密或者商业秘密的;

(四)利用职权谋取私利的;

(五)违反国家规定或者本单位内部规定的其他情形。

第三十条 内部审计人员因履行职责受到打击、报复、陷害的,单位党组织、董事会(或者主要负责人)应当及时采取保护措施,并对相关责任人员进行处理;涉嫌犯罪的,移送司法机关依法追究刑事责任。

第七章 附 则

第三十一条 本规定所称国有企业是指国有和国有资本占控股地位或者主导地位的企业、金融机构。

第三十二条 不属于审计机关审计监督对象的单位的内部审计工作,可以参照本规定执行。

第三十三条 本规定由审计署负责解释。

第三十四条 本规定自2018年3月1日起施行。审计署于2003年3月4日发布的《审计署关于内部审计工作的规定》(2003年审计署第4号令)同时废止。

六、审计署关于加强内部审计工作业务指导和监督的意见

(审法发〔2018〕2号)

各省、自治区、直辖市和计划单列市、新疆生产建设兵团审计厅(局),署机关各单位、各派出审计局、各特派员办事处、各直属单位:

为深入贯彻落实党的十九大精神,促进提高内部审计质量和水平,有效防范风险,推进国家治理体系和治理能力现代化,根据审计法及其实施条例、《国务院关于加强审计工作的意见》和中共中央办公厅、国务院办公厅《关于完善审计制度若干重大问题的框架意见》《关于深化国有企业和国有资本审计监督的若干意见》以及《审计署

关于内部审计工作的规定》等法律法规和文件要求，现就切实加强对依法属于审计机关审计监督对象的单位(以下统称被审计单位)内部审计工作的业务指导和监督提出以下意见：

一、充分认识加强内部审计指导监督工作的重要性

党的十八大以来，党中央、国务院高度重视审计工作，要求对公共资金、国有资产、国有资源和领导干部履行经济责任情况实行审计全覆盖，建立健全与审计全覆盖相适应的工作机制，统筹整合审计资源，加强内部审计工作，充分发挥内部审计作用。从总体上看，各级审计机关能够认真贯彻落实党中央、国务院决策部署，积极加强对内部审计工作的业务指导和监督，推动内部审计较好地发挥了在促进所在单位规范管理、完善内控机制、防范风险和提质增效等方面的作用，为实现审计全覆盖创造了有利条件。但仍有一些审计机关对内部审计工作重视不够、指导监督不到位，一些部门单位内部审计工作发展不平衡，有的还缺乏制度保障，内部审计发现问题的整改也不到位等，未能充分发挥内部审计的作用。

各级审计机关要以习近平新时代中国特色社会主义思想为指导，充分认识加强内部审计工作对强化单位内部管理、统筹整合审计资源、增强审计监督整体效能、推进审计事业发展的重要意义，按照党中央、国务院要求和相关法律法规的规定，进一步加强对内部审计工作的业务指导和监督，建立健全内部审计指导监督制度，坚持问题导向，突出工作重点，创新方式方法，强化内部审计在规范管理、防范风险等方面的积极作用，推动相关部门、单位认真贯彻落实党的十九大确定的战略部署，自觉遵守国家法律法规和制度规定，扎实推进决胜全面建成小康社会各项工作任务。

二、建立健全内部审计指导监督的工作机制

(一)建立健全指导和监督工作长效机制。审计机关要健全工作责任机制，明确负责指导和监督工作的职能部门和业务部门职责，加强协作配合，将对内部审计的业务指导和监督纳入年度工作内容，

与审计业务工作同部署、同落实、同检查。要加强制度建设,制定完善对内部审计业务指导和监督的制度措施。要加强监督检查,坚持问题导向,加大对内部审计工作情况的检查力度,完善检查反馈、情况通报、整改回访等工作机制。上级审计机关要将对内部审计的指导和监督工作纳入对下级审计机关的考核内容。

(二)建立健全内部审计资料备案及成果运用机制。审计机关要建立健全被审计单位内部审计工作计划、审计报告、审计整改情况、工作总结以及审计发现的重大违纪违法问题线索等资料向同级审计机关备案机制。审计机关要加大对备案材料的研究和分析力度,将其作为编制年度审计项目计划的参考依据。审计机关要重视内部审计成果运用,审计中涉及国家机关、事业单位和国有企业三级以下单位时,可以在评估被审计单位内部审计工作质量的基础上,积极有效利用内部审计成果。对内部审计已经发现并纠正的问题不再在审计报告中反映,对纠正不及时不到位的问题应当依法提出处理意见并督促整改。

(三)建立健全与主管部门的协作机制。审计机关要注重发挥主管部门的作用,加强工作联系,根据行业属性、业务特点、资金规模等因素,会同制定行业性内部审计指导意见、内部审计工作指引等,协调开展对被审计单位内部审计工作的分类指导,及时通报监督检查结果,形成监督合力。

三、加强对内部审计工作的业务指导

(一)加强对建立健全内部审计工作机制的指导。推动被审计单位进一步理顺内部审计管理体制,建立被审计单位党组织、董事会(或者主要负责人)对内部审计工作的领导机制,加快建立国有企业总审计师制度,完善审计质量控制、内部审计结果运用和责任追究等制度。推动被审计单位建立内部审计与纪检监察、巡视巡察、组织人事等其他内部监督力量的协作配合机制,在监督信息共享、监督成果共用、重要事项共同实施、问题整改问责共同落实等方面形成监督合力。推动被审计单位建立内部审计发现问题整改长效机制，健全整改报告机制，落实整改主体责任。

（二）加强对内部审计计划安排和审计重点的指导。指导被审计单位紧紧围绕统筹推进“五位一体”总体布局和协调推进“四个全面”战略布局，围绕推进供给侧结构性改革、打好“三大攻坚战”等重大任务落实，科学安排内部审计计划，在审计财政财务收支真实合法效益的基础上，加大对内部管理领导干部履行经济责任情况的审计力度。要引导被审计单位内部审计坚持问题导向，突出审计重点，关注重大改革任务推进、重大政策落实、资金分配和使用、工程建设招投标和物资采购、土地流转和开发利用、金融资源配置和金融创新、国有资本运营和国有资产处置、生态环境保护、民生保障和改善、国家经济安全等重点领域，紧盯权力集中、资金密集、资源富集、资产聚集的部门和岗位，及时发现权力运行中存在的损害国家和人民利益、重大违纪违法、重大履职不到位、重大损失浪费、重大环境污染和资源毁损、重大风险隐患等问题。

（三）加强对内部审计人员的业务指导。采取现场指导、业务交流等方式，分层分类加强对内部审计人员的业务指导和培训。搭建交流推广平台，围绕当前审计工作的重点、难点，注重发现被审计单位内部审计工作的特点、亮点，做好内部审计经验推广工作。积极推广大数据审计工作模式等先进审计技术方法，推动提高内部审计人员运用信息化技术查核问题、评价判断和分析问题的能力，促进提高内部审计工作效率和质量。按照规定加强对内部审计协会的政策和业务指导，推动做好内部审计人员业务咨询、学术研讨、经验交流、评优表彰等工作。

四、加强对内部审计工作的监督检查

（一）加强日常监督。审计机关要加强对被审计单位内部审计工作的指导监督，及时掌握内部审计机构依法履行职责情况，通过经验交流、座谈研讨、现场调研等方式，总结推广开展内部审计工作的经验和做法。督促被审计单位认真整改内部审计发现的问题,积极为内部审计工作的顺利开展创造良好的工作环境。

(二)结合实施审计项目开展监督。审计机关实施审计项目时,要将被审计单位内部审计制度建立健全情况、内部审计工作开展情况以及质量效果等内容,纳入审计监督评价的范围。特别是在开展经济责任审计时,要将内部监督制约机制的建立健全和执行情况作为领导干部履职的内容进行评价,促进被审计单位按照规定建立健全内部审计制度,加强内部审计工作,规范管理,防范风险,提质增效,充分发挥内部审计作用。

(三)开展专项检查。审计机关可以采取组织自查与重点抽查相结合等方式,围绕内部审计制度建设与执行,聚焦内部审计项目的计划、实施、报告、整改等环节,组织开展对被审计单位内部审计工作情况的专项检查,并将检查情况在一定范围内进行通报,督促被审计单位及时整改,积极推动被审计单位规范内部审计行为,强化内部审计质量控制,防范内部审计风险,切实提高内部审计工作质量和水平。

七、铁路审计工作规定

(铁审计〔2004〕128号)

第一章　总　　则

第一条　为加强国家铁路(以下简称“铁路”)内部审计工作,保障铁路内部审计机构(以下简称“审计机构”)和铁路内部审计人员(以下简称“审计人员”)依法行使职权,发挥内部审计在加强经济管理、提高经济效益中的作用,维护铁路企事业单位的合法经济权益,促进其依法经营和改善内部经营管理,根据《中华人民共和国审计法》、《审计署关于内部审计工作的规定》、《中国内部审计准则》等相关法律、法规及规定,结合铁路审计工作实际,制定本规定。

第二条 铁路内部审计是独立监督和评价铁路企事业单位及其所属单位财政收支、财务收支、经济活动的真实、合法性和效益状况的行为，以促进加强经济管理和实现经济目标。

第三条 铁路实行内部审计监督制度。审计机构在本单位主要负责人或者权力机构的领导下开展工作，独立行使内部审计监督权。单位主要负责人或者权力机构应当保护审计人员依法按规履行职责。任何单位和个人不得打击报复审计人员。

第四条 审计人员办理审计事项，应当严格遵守内部审计职业规范和铁路内部审计制度，忠于职守，做到独立、客观、公正、保密。

第二章 审计机构和审计人员

第五条 铁道部设立审计机构，在铁道部领导下开展铁路内部审计工作，对部领导负责并报告工作。铁道部审计机构负责管理和指导全路的内部审计工作。

第六条 下列铁路单位设立独立的审计机构：

（一）国有铁路大中型企业；

（二）铁路国有资产占控股地位的大中型企业；

（三）经营国有资产较多、规模较大的铁路多元经营企业；

（四）财政收支、财务收支金额较大或所属单位较多的铁路事业单位；

（五）其他需要设立审计机构的单位。

第七条 铁路企事业单位审计机构在本单位主要负责人的领导下开展审计工作，对本单位领导负责，向本单位领导和上一级审计机构报告工作。铁道部所属单位各级审计机构负责管理和指导本单位管辖内的内部审计工作。

第八条 审计机构应当遵守有关内部审计的规定、准则，不断提高内部审计业务质量，并接受国家审计机关和上级审计机构对内部审计业务质量的检查和评估。

第九条 审计机构履行职责所必需的经费，应当列入所在单位财务预算，由所在单位予以保证。

第十条 铁路企事业单位应根据审计范围和审计工作量，配备相应的审计人员。

第十一条 审计人员实行岗位资格和后续教育制度，本单位应当予以支持和保障。

审计人员专业技术职务任职资格的考评和聘任，按照国家和铁道部的有关规定执行。

第十二条 审计人员不得直接从事本单位的财会工作以及其他有失审计独立公正的事项。

第十三条 审计人员办理审计事项，与被审计单位或者与审计事项有利害关系的，应当回避。

第十四条 审计机构负责人的任免调动，按照干部管理权限办理，并应事先征求上一级审计机构的意见。

第十五条 审计机构和审计人员工作成绩显著，本单位或者上级单位审计机构应当给予表彰。

第三章 审计机构职责

第十六条 铁道部审计机构代表铁道部对部属企事业单位实施审计监督，负责对铁路内部审计工作的管理和指导。

（一）依据国家有关内部审计工作的法律、法规和铁道部的要求，草拟铁路内部审计的规定、办法草案；

（二）对部属企事业单位行政主要领导人员实施任职期中经济责任审计和离任经济责任审计；

（三）组织实施对部属企事业单位经济效益审计、财务收支审计；

（四）组织实施对部管基建项目、部控股的合资铁路建设项目审计；

（五）组织实施专项审计和审计调查；

（六）审计监督铁路预算内（外）各项基金、资金的管理和使用情况；

（七）审计监督部属境内外机构、企业以及铁路国有资产占控股地位的股份制、联营、合资、合作企业的经济经营活动；

（八）对部属单位内部控制制度的健全性和有效性及风险管理进行评审；

（九）负责全路审计人员岗位资格证书的审核、管理及承担召开审计系列高级专业技术职务任职资格评审委员会评审会议工作；

（十）负责组织铁路审计人员专业技术业务后续教育工作和岗位资格培训工作；

（十一）组织召开铁路审计工作会议、交流审计工作经验，开展理论和实务研究，表彰审计系统先进单位和个人；

（十二）完成部领导交办的其他工作事项。

第十七条　铁道部所属企事业单位的各级审计机构对本单位及其所属单位下列事项实施审计监督：

（一）执行国家财经法规、铁道部规章制度和办法的情况，执行企业内部控制制度、经营方针的情况，实现经营目标和国有资产保值增值情况；

（二）编制和执行财务收支计划和预决算的情况，预算外资金的来源、管理和使用情况，签订和执行经济合同、协议等经济活动及其效益情况；

（三）所属单位法定代表人或行政主要负责人任职期间的经济责任履行情况；

（四）固定资产投资项目概（预）算执行、工程结算、资金管理和使用情况；

（五）投资、借款、担保的合法、合规、效益性；

（六）本部门、本单位的境外机构、企业，以及与境内、外经济组织兴办的合资、合作经营的企业、合作项目的经营状况及其效益情况；

（七）本单位领导交办和上级审计机构授权或委托的其他审计事项。

第十八条 审计机构根据被审计单位的财务隶属关系或铁路资产监督管理关系，确定审计范围。

上级审计机构可直接审计其下级审计机构审计范围内的单位，也可将审计范围内的审计事项授权或委托下级审计机构审计。

第十九条 审计机构遇到任务集中、力量不足时，可抽调下级审计机构人员参加审计，或报经单位领导批准，委托社会审计组织实施。

第二十条 审计机构应当定期向上一级审计机构报送工作总结材料和铁路审计工作情况统计表。

第四章 审计机构权限

第二十一条 审计机构有权要求本单位有关职能部门及其审计管辖范围内的被审计单位提交以下文件资料（包括各种介质），有关职能部门和单位不得拒绝和拖延。

（一）年度计划，预、决算，统计和经济活动分析资料；

（二）会计凭证、账簿、财务会计报告和重大经营项目的会议记录，与经济活动有关的合同、协议等资料；

（三）上级主管部门和本单位制定、转发、汇编的财经法规、管理制度、实施办法等；

（四）国家审计机关、社会审计组织或者其他部门出具的审计、查证、验证、检查报告及审计决定执行情况；

（五）其他与实施审计监督有关的资料。

第二十二条 审计机构在实施审计中有下列权限：

（一）召开与审计事项有关的会议；

（二）检查被审计单位有关生产、经营和财务活动的资料、文件；

(三)到工地、车间、仓库现场盘查或勘察实物;

(四)检查被审计单位有关生产、经营和财务活动的计算机系统及其电子数据资料;

(五)就审计事项有关的问题向有关单位和个人进行调查并取得证明材料,必要时,可以录音、摄像、拍照、复制;

(六)对被审计单位正在进行的违纪违规、严重损害铁路资财和造成损失浪费的行为予以制止;制止无效时,经审计机构所在单位负责人或上一级审计机构负责人批准,通知财务部门或有关主管部门暂停拨付与违反国家规定的财务收支行为直接有关的款项,已经拨付的暂停使用;

(七)对可能转移、隐匿、篡改、毁弃的会计凭证、会计账簿、会计报表以及其他与经济活动有关的资料,可予以暂时封存,并及时报告审计机构所在单位负责人;

(八)提出纠正、处理违纪违规行为的意见,以及改进经济管理、提高经济效益的建议。

第二十三条 依据有关规定,遵循公正、公开、审慎、适度的原则,审计机构对被审计单位及相关责任人违反国家财经法规、铁道部规章制度和企事业单位内部经营管理制度的行为做出以下处理和处罚:

(一)责令限期缴纳应当缴纳的款项;

(二)责令限期退还违纪违规所得;

(三)责令限期退还被侵占的国有资产;

(四)责令冲转或者调整有关会计账项;

(五)通报批评;

(六)罚款;

(七)收缴违纪违规所得;

(八)对严重违纪违规责任人员提出追究责任的建议,移交纪检监察部门处理,对涉嫌犯罪的,移交司法机关。

第二十四条 审计机构主要负责人应参加本单位有关改革和经营管理方面的会议,参与研究制定有关的规章制度,对重大经营决策和投资方案提出建议。

第二十五条 对被审计单位模范遵守财经法规、经济效益显著、贡献突出的集体和个人,审计机构可向铁道部领导、单位负责人或者上级主管部门提出表扬和奖励的建议。

第五章 审计工作程序

第二十六条 审计机构根据本单位整体工作部署、经营目标和铁道部领导、单位负责人的具体要求,确定审计重点,编制年度审计项目计划,经本单位负责人批准后执行。

在执行审计项目计划过程中,遇有特殊情况,可对原计划作适当调整,经本单位负责人同意后实施。

第二十七条 审计机构根据年度审计项目计划确定审计事项,选派审计人员组成审计组,并指定审计组组长。审计组实行组长负责制。

审计组应设审计主审,负责审计组业务工作。

第二十八条 审计组在实施审计前,应当进行审前调查,确定审计方式,编制审计方案,确定审计范围、内容、方法、人员分工和实施步骤。

审计方案经审计机构负责人批准后,由审计组负责实施。

第二十九条 审计机构应当在实施审计三日前,向被审计单位下达《审计通知书》,告知实施审计的时间、范围、内容、要求和审计组成员。特殊审计业务可在实施审计时送达。

被审计单位应配合审计组的工作,提供必要的工作条件。

第三十条 审计组进入被审计单位后,应召开由被审计单位负责人和有关部门人员参加的会议,宣布审计有关事项,提出具体要求。被审计单位应报告经营管理和执行财经法规等方面的情况。

第三十一条 被审计单位应及时向审计组提供有关资料，被审计单位（部门）负责人和财会主管人员应就其提供的书面材料及会计资料的真实、完整和其他情况做出书面承诺。

第三十二条 审计组在实施审计过程中，通过应用审计专业技术方法测评内部控制制度，审查被审计单位会计凭证、账册、报表，查阅与审计事项有关的文件、资料，检查现金、实物、有价证券，检测财务会计软件，取得审计证据。

第三十三条 如有特殊需要，经单位负责人批准，审计机构可以聘请专门机构或专业人员参与审计。

审计组和审计人员可以利用国家审计机关、内部审计机构或社会审计组织的审计成果。

第三十四条 审计人员在实施审计时，应编制审计工作底稿，记录审计中发现的违纪违规事项，写明违纪违规问题的事实，依据有关法律、规定初步定性，提出处理、处罚建议。审计工作底稿经审计组审定并由审计组长签字后，交由被审计单位签认。

第三十五条 审计组依据经被审计单位签认后的审计工作底稿等相关资料写出审计报告，经审计组长签字后，送交被审计单位征求意见。

被审计单位应在收到审计报告之日起十日内，对审计报告的内容提出书面意见，送交审计组或审计机构。逾期未送交的视为同意，并由审计组予以注明。

被审计单位对审计报告内容有异议的，审计组应进一步研究、核实，做出书面说明；必要时，应修改审计报告。

第三十六条 审计组对审计事项实施审计结束后，应及时将审计报告、被审计单位对审计报告的书面意见、审计组的书面说明及相关资料，一并报送审计机构。

第三十七条 审计机构应建立审计复核制度，对审计证据、审计工作底稿、审计报告进行复核。

第三十八条 审计机构应对审计报告中的下列事项进行审核：

（一）与审计事项有关的事实表述是否清楚，证据是否充分；

（二）问题的定性、处理、处罚建议是否准确、合法、适当；

（三）审计评价意见是否恰当；

（四）被审计单位对审计报告的意见和审计组对其意见的书面说明是否得当。

第三十九条 对领导人员任期经济责任审计事项，审计组在审计机构审定审计报告后，还应提出领导人员任期经济责任审计结果报告的征求意见稿，送交被审计领导人员征求意见。

被审计领导人员应在收到审计结果报告征求意见稿之日起五日内提出书面意见，送交审计组或审计机构，逾期未送交的视为同意，并由审计组予以注明。

被审计单位领导人员对审计结果报告征求意见稿内容有异议的，审计组应进一步研究、核实，做出书面说明；必要时，应修改审计结果报告征求意见稿。

第四十条 审计机构审定审计报告和审计结果报告征求意见稿后，向本单位主管领导报告审计实施情况，经批准，做出审计结论和决定，并送达被审计单位执行。审计结果报告送达委托审计的人事（干部）管理部门，并抄送被审计领导人员本人。

第四十一条 被审计单位必须严格执行审计机构下达的审计结论和决定。审计机构同级财务等有关部门应协助执行审计结论和决定。

被审计单位对审计结论和决定有异议，应在收到审计结论和决定之日起十日内，向审计机构所在单位或上级审计机构提出申诉。申诉期间，审计结论和决定照常执行。

被审计单位应当在收到审计结论和决定之日起三十日内，将执行情况向审计机构做出书面报告。

第四十二条 审计机构应检查被审计单位执行审计结论和决定

的情况,必要时,可进行审计回访或后续审计。

第四十三条 审计组在审计项目终结后,按审计档案管理规定,建立案卷,及时归档。

第四十四条 审计人员凭"审计证"(样式见附件)执行审计任务,到被审计单位办公室、车间、仓库、工地、站、车等工作场所进行调查时,任何单位和个人不得拒绝。因工作需要,凭"审计证"和"铁路乘车证"乘坐各次列车可免办签证手续,可凭"审计证"拍发铁路电报。

"审计证"由铁道部统一印制,分级填发和管理。部属单位审计人员的"审计证"由铁道部填发和管理;铁路局所属单位审计人员的"审计证"由铁路局填发和管理。遗失的,应登报声明作废,并由当事人写出书面检查,申请补发。审计人员调离审计岗位时,应及时交回"审计证",由填发单位注销。

第六章 责 任 追 究

第四十五条 被审计单位违反本规定,拒绝和拖延提供与审计事项有关资料,或者阻碍检查、提供虚假资料,审计机构应责令其改正;对情节严重的,给予通报批评或追究行政责任。

第四十六条 被审计单位拒不执行审计结论和决定,审计机构应责令其改正;对情节严重的,给予通报批评或追究行政责任。

第四十七条 被审计单位有严重违反财经法规和造成严重损失浪费行为,需要追究责任的,审计机构对被审计单位主要负责人、负有直接责任的主管人员和其他直接责任人员提出予以追究责任的建议,移交纪检监察部门处理;对涉嫌犯罪的,由司法机关追究刑事责任;对会计人员,应提出给予吊销会计从业资格证书的建议。

第四十八条 被审计单位有关人员拒绝、拖延提供或销毁与审计事项有关的资料,弄虚作假、隐瞒事实真相,不予配合审计调查工作,拒不执行审计结论和决定,审计机构应责令其改正;对情节严重的，移交纪检监察部门处理；对涉嫌犯罪的，由司法机关追究刑事责任。

第四十九条 被审计单位有关人员报复、陷害审计人员，审计机构应建议被审计单位或其上级主管单位追究行政责任；对涉嫌犯罪的，由司法机关追究刑事责任。

第五十条 审计人员滥用职权、徇私舞弊、玩忽职守、泄露秘密，由其所在单位或纪检监察部门依据有关规定追究责任；对涉嫌犯罪的，由司法机关追究刑事责任。

第七章 附 则

第五十一条 本规定中的时限日均为工作日。

第五十二条 铁道部所属各单位可根据本规定制定相应的实施办法，报铁道部审计机构备案。

第五十三条 本规定由铁道部授权铁道部审计中心负责解释。

第五十四条 本规定自2005年1月1日起施行。铁道部原发布的《铁路审计工作规定》(铁审〔1996〕61号)同时废止。

八、铁路建设项目审计暂行规定

(铁总审〔2015〕196号)

第一章 总 则

第一条 为进一步加强中国铁路总公司(以下简称总公司)铁路建设项目审计工作，规范铁路建设项目审计行为，促进铁路建设项目依法科学有序实施，根据《中国铁路总公司审计工作管理暂行办法》等相关规定，制定本规定。

第二条 本规定适用于总公司内部审计机构(以下简称审计机构)对由总公司及所属单位全部投资或控股的铁路大中型基本建设

项目(以下统称铁路建设项目)实施的审计和审计调查工作。

第三条 铁路建设项目审计对象为铁路建设项目法人单位或其授权、委托进行建设管理的项目管理机构(单位)。

第二章 审计工作组织

第四条 总公司和所属单位分别对其全部投资或控股的铁路建设项目负责审计并承担相应的责任。

审计机构负责实施铁路建设项目审计工作。计统、财务、劳卫、开发、物资、运输、建设、工管、工程设计鉴定等相关部门和单位在其各自职责范围内协助和配合审计机构开展铁路建设项目审计工作。

第五条 审计机构在组织实施铁路建设项目审计时,应遵循全覆盖、无遗漏,分级负责、分阶段重点实施和落实责任制的原则,确保审计工作质量。

第六条 审计机构应按照审计分工范围对铁路建设项目实施审计。

总公司审计和考核局负责审计由总公司全部投资或控股的铁路建设项目,所属单位审计机构负责审计由本单位全部投资或控股的铁路建设项目。

上级审计机构可直接审计其下级审计机构审计范围内的铁路建设项目,也可将审计范围内的审计事项授权或委托下级审计机构进行审计。下级审计机构对上级审计机构授权或委托的审计事项实施审计监督。

第七条 项目法人单位或项目管理机构(单位)应按规定积极配合审计机构开展审计工作,及时提供有关资料(含电子数据信息和必要的技术文档),并对所提供资料的真实、完整和其他情况作出书面承诺。

第八条 总公司及所属单位应重视和加强建设项目审计队伍建设,审计机构内应配备专(兼)职人员负责建设项目审计,积极引进和培养建设项目审计相关人才，改善建设项目审计队伍专业结构，逐步提高建设项目审计人员整体素质以适应铁路建设项目审计工作需要。

第九条 审计机构遇到任务集中、力量不足、相关专业知识局限等情况时，可抽调下级审计机构人员参加审计；或有特殊需要并报经单位负责人批准，聘请专门机构、专业人员或委托社会审计组织参与、实施审计。

审计机构应制定抽调下级审计机构人员、聘请专门机构或专业人员和委托社会审计组织的工作规范，加强对其工作的督导和业务复核，保证审计质量。

聘请专门机构或专业人员和委托社会审计组织所产生的费用，由聘请或委托单位承担；审计机构提出所需费用，经批准后纳入预算，同级财务部门安排并支付资金。

第三章 审计工作内容

第十条 审计机构对铁路建设项目的建设资金管理使用情况进行审计。

建设资金管理审计是对建设资金到位的及时性，银行账户、资金存储、资金管理的安全性，建设资金拨付依据的合规性，建设资金管理制度的健全、有效性等进行审计。

建设资金使用审计是对建设项目投资计划完成情况，资金预算执行情况，合同的签订及履行情况，建设成本列支情况等真实性、合规性，以及建设成本管理的控制制度健全、有效性等进行审计。

第十一条 审计机构在以建设项目资金管理使用情况审计为主的基础上，根据审计力量配备情况，逐步开展对概预算执行情况、投资控制情况、投资绩效情况等进行审计。

第四章　审计工作实施

第十二条　审计机构按照本规定第二章确定的原则和分工编制年度铁路建设项目审计计划,并经本单位负责人批准后执行。

审计机构在编制年度铁路建设项目审计项目计划时,应将重点投资项目和社会关注度较高项目作为铁路建设项目审计重点,并可根据实际需要实施跟踪审计。

第十三条　审计机构应根据年度审计工作重点及项目计划,在审计实施之前编制审计工作(指导)方案,明确审计范围、审计内容和重点,确定延伸审计原则,对审计组织工作做出统一安排,实施规范化审计。

第十四条　铁路建设项目审计工作程序按照《中国铁路总公司审计工作管理暂行办法》执行。

第十五条　审计机构应建立健全铁路建设项目审计质量控制制度,实行审计组成员、主审、组长、审计机构负责人和审计机构所在单位负责人对审计业务的分级质量控制,做出恰当的审计结论,防范审计风险。

第十六条　上级审计机构应加强对下级审计机构铁路建设项目审计工作的业务管理、指导,以及对审计业务质量的检查和评估,及时总结和推广好的经验与做法,研究制定铁路建设项目审计业务规范,提高规范化水平。

第十七条　审计机构应充分运用信息化手段开展铁路建设项目联网审计和过程监控工作,逐步建立铁路建设项目审计数据库,加快方法体系建设,提高铁路建设项目审计管理水平和效率。

第五章　审计结果运用

第十八条　审计机构对审计发现的违法违规问题应按照相关规定进行处理,对按规定需要移交的事项,向有关主管部门提出处理建议并移交相关材料。

对相关部门（机构）履行职责不到位、政策法规不完善等问题，审计机构应及时向单位负责人报告或向有关主管部门提出审计建议。

第十九条 审计机构应建立健全铁路建设项目审计问题整改检查机制，督促被审计单位和其他有关单位根据审计结果进行整改和落实。对于跟踪审计项目，审计机构应将上次审计查出问题的整改情况作为审计的重要内容。

通过审计问题整改联席会议，重点研究落实、协调解决审计发现重大问题，对问题整改实行闭环管理，落实审计问题整改责任。对审计问题整改联席会议审定事项整改不到位的，纳入考核。

第二十条 下级审计机构应按规定向上级审计机构报告铁路建设项目审计结果。

第二十一条 各单位应重视和加强对审计机构审计结果的利用工作，认真分析审计披露问题存在的原因，查找建设管理的薄弱环节和管理漏洞，规范、完善相应的管理控制制度。

第六章 附 则

第二十二条 总公司所属单位审计机构应根据本规定，结合本单位实际情况，制定本单位铁路建设项目审计实施办法。

第二十三条 对总公司及所属单位投资但不占控股地位的铁路建设项目，由相应的铁路出资人代表单位从维护铁路方股东合法权益的角度出发，采取切实可行的措施和方法，依法参与项目的管理并实施监督。如由本单位的内部审计机构实施审计，可参照本规定执行；对审计发现的问题，通过法定程序促其整改。

第二十四条 本规定由总公司审计和考核局负责解释。

第二十五条 本规定自发布之日起施行。原铁道部印发的《铁路建设项目审计暂行规定》（铁审计〔2011〕187 号）同时停止执行。

参 考 文 献

[1] 余恕莲,王化成. 财务会计和财务管理研究[M].北京:中国时代经济出版社,2010.

[2] 董大胜. 审计技术方法[M].北京:中国时代经济出版社,2012.

[3] 王立彦,于曾彪,刘志远. 管理会计[M].北京:清华大学出版社,2014.

[4] 李金华. 审计理论研究[M].北京:中国时代经济出版社,2005.

[5] 中国注册会计师协会. 2018 注册会计师全国统一考试辅导教材—会计[M].北京:中国财政经济出版社,2018.

[6] 中国注册会计师协会. 2018 注册会计师全国统一考试辅导教材—审计[M].北京:中国财政经济出版社,2018.

[7] 于曾彪,等. 我国集团公司预算管理运行体系的新模式—中原石油勘探局案例研究[J].会计研究,2001(8).

[8] 夏宽云. 战略成本管理[M].上海:立信会计出版社,2000.

[9] 高培勇. 共和国财税 60 年[M].北京:人民出版社,2009.

[10] 财政部预算司.中央部门预算编制指南[M].北京:中国财经出版社,2007.

[11] 梁小民.西方经济学导论[M].北京:北京大学出版社,1984.

[12] 中华人民共和国财政部. 企业会计准则[M].北京:经济科学出版社,2006.

[13] 中华人民共和国财政部. 企业会计准则讲解[M].北京:人民出版社,2007.

[14] 王化成.公司财务管理[M].北京:中信出版社,2008.

[15] 王化成,佟岩,李勇. 全面预算管理[M].北京:中国人民大学出版社,2004.

[16] 太原铁路局年鉴编审会. 2016 太原铁路局年鉴[M].北京:中国铁道出版社,2016.

[17] 中国铁路总公司. 会计基础工作规范及相关法规[M].北京:中国铁道出版社,2018.